4 BATTITI
EDICICLO

collegati per scoprire
tutti i titoli del catalogo

segui BATTITI su facebook

redazione e impaginazione: gianvittorio randaccio

grafica: vanessa collavino

prima edizione maggio 2014

via cesare beccaria, 17–30026 portogruaro (ve)
tel. 0421 74475–fax 0421 280065
www.ediciclo.it
ufficio.stampa@ediciclo.it

ISBN: 978-88-6549-120-1

Franco Quercioli

Gino e Fausto

una storia italiana

romanzo

ediciclo editore

A Vinicio, mio padre

I

Dove si racconta dell'infanzia di Gino, delle estati sull'Ema, della caccia ai ranocchi con gli amici, delle corse, delle baruffe; e di quando Gino va a garzone da Oscar Casamonti, meccanico di biciclette.

«Gino, che vieni alla pozza?».

«Ora vengo».

Richiuse le persiane, che aveva un po' sollevato, e un attimo dopo uscì sulla strada insieme a un ragazzino più piccino di qualche anno, moretto come lui.

«Gino, mi ci fai venire?».

«No... tu stai a casa».

«Dai, fammi venire...».

«La mamma non vuole. Dopo ce le dà a tutti e due!».

«Ma io non glielo dico...».

«O che porti anche lui?» gli chiese Balena.

«Non lo porto... è lui che ci vuole venire... Torna a casa te!».

«No, non ci voglio tornare!».

«O fallo venire!».

«Vieni, vieni... ti s'affoga nella pozza...».

«Non è vero».

«Tu vedrai...».

Giulio lo guardava di traverso, scuotendo la testa, ma un po' di paura ce l'aveva davvero.

Di Balena c'era poco da fidarsi; era il più grande della compagnia, ma anche il più matterello. Come il cielo quando annuncia il temporale e a tratti s'illumina, lontano, dietro i monti. Balena, si dice a Firenze.

«Fiordinando!» Così lo chiamava la mamma. Sempre così, dalla mattina alla sera.

«Ora vengo» si limitava a dire lui, seguitando a fare gli affari suoi. Ed erano sempre cose importanti. Mettere i cuscinetti a un carretto, rifinire un coiattolo per le gomme di una fionda, arrotare la lama di un coltellino a serramanico, intarsiare un bastone, intrecciare due fili d'erba per fare un laccio per le lucertole e così via. Tornava a casa a buio e spesso le rimediava dal fratello più grande.

Guido era un giovanotto robusto e sbrigativo che aveva preso il posto del babbo, morto di polmonite qualche anno prima. Stavano alle Cinque Vie in una grande casa colonica, il fienile di là dalla strada maestra, con l'aia davanti, e, dietro i pagliai, la stalla e lo stalletto.

Balena aveva i capelli neri e lisci come le penne di un merlo, il naso scolpito un po' ricurvo, gli occhi scuri grandi, un po' a palla, il corpo secco e agile come quello di un gatto che ha mangiato le lucertole.

«Succhiello, che l'hai portata la lenza?».

«Sì, ma il filo rosso non ce l'ho».

«Ce l'ho io» disse Gino frugandosi in tasca. Cercò tra palline, bottoni, tappi, figurine, sassi e alla fine tirò fuori un gomitolino di filo rosso. L'aveva fregato all'Anita e alla Natalina, le sorelle ricamatrici.

Erano già arrivati al ponticino sull'Ema.

Di là la strada proseguiva per Grassina: il paese dei lavandai.

Si capiva anche dai lenzuoli bianchi stesi al sole, sui prati che costeggiavano la strada.

Loro scesero giù per un viottolo fino all'acqua che scorreva lenta, come tutte le estati quando ce n'è poca. Un'acqua limpida che si vedeva il fondo ciottoloso.

L'ombra del ponte era un refrigerio alla calura, ma i ragazzi non ci facevano caso, perché a loro il caldo non dava fastidio come ai grandi.

Infatti si fermarono lì sotto per cercare qualcosa.

Di solito, sotto il ponte, la gente ci buttava roba che ai ragazzi interessava parecchio: una cassetta di legno, una bottiglia di vetro verde, un coltello senza manico, un filo di ferro, una camera d'aria tagliata...

«Ragazzi, guardate!» fece Succhiello raccogliendo uno scheletro di ombrello con qualche brandello di stoffa ancora attaccato alle poche stecche rimaste.

Succhiello era un ragazzo lungo, allampanato e un po' storto, come un succhiello appunto, ma con certi occhi di gatto che non gli scappava nulla.

«Fa' vedere».

«L'è bono».

«Lo sai che ci si fa?».

«I' che...».

«L'arco con le frecce».

«Per tutti?».

«Hai voglia! Con le stecche grandi si fa l'arco e con quelle piccine si fa le frecce».

«Le frecce però vanno arrotate in cima per farle a punta».

«Si può tirare alle lucertole?».

«A i' che tu voi...».

«E io?» chiese Giulio, che aveva ascoltato tutto a bocca aperta.

«No. Te ti faresti male. Tu sei piccino».

Così si avviarono a risalire la riva. E Giulio dietro, che rimuginava la sua cocente delusione.

Procedevano saltando sui sassi che affioravano sull'acqua, finché raggiunsero il punto prescelto, prima della chiusa, dove l'acqua ristagnava un po' e l'erba cresceva più alta.

La chiamavano la pozza; era lì che c'erano i ranocchi. Ognuno scelse il suo posto, e preparò la lenza. La fermò in cima a una bella canna verde e flessuosa, tagliata dal canneto, sistemò i piombini e ci legò un pezzettino di filo rosso.

I ranocchi, appena vedono il filo rosso muoversi a pelo dell'acqua, si buttano a bocca aperta e ci restano attaccati.

Poi vengono infilati dalla parte della bocca con un bel rametto di salcio lungo e sottile che gli sorte da dietro. Se ne possono infilare almeno una dozzina.

Così fecero anche loro. Tornarono in paese quasi all'ora di cena, dopo aver risalito l'Ema ben oltre la pozza dove avevano fatto il bagno ignudi, lasciando Giulio a fare la guardia ai panni e ai ranocchi, ormai passati a miglior vita.

Dopo essersi asciugati al sole, si erano appesi alle cinture gli ambiti trofei, una volta rimessi i calzoni che d'estate, di solito, portavano senza mutande: indumento da loro giudicato sostanzialmente inutile, come le scarpe del resto. Roba che fa perdere tempo, quando il gioco urge.

La casa dei Bartali era proprio sull'angolo, prima di svoltare a destra per il ponte sull'Ema.

Prima tornò Giulio da solo, facendo finta di nulla. Dopo un po' arrivò Gino con la sua sfilzata di ranocchi.

«Ih che schifo!!» dissero la Natalina e l'Anita, sedute con le amiche a ricamare sull'uscio di casa. Gino glieli agitò sul viso e quelle a urlare come se le scannassero, poi infilò le scale di corsa.

Ma a tavola, quando mamma Giulia li servì fritti, belli e croccanti con tanto di patatine fritte di contorno, non dissero nulla e zitte zitte se li sgranocchiarono.

«Allora non vi fanno schifo i granocchi?» le canzonò Gino.

«Bravo Gino. Stasera ti sei guadagnato la giornata!» disse il babbo, leccandosi i baffi.

«Fuor di riga urti!».

«Bocciata palmata!».

Rizzate le cappe, i giocatori si urlavano le regole, giocando l'un l'altro d'anticipo. Una cappa è fatta da tre palline che fanno da base alla quarta, che ci sta sopra in equilibrio. Il bocco è la pallina più grossa e si tira sulle cappe, che ogni giocatore deve rizzare, prima di cominciare. Per stabilire l'ordine di tiro, i giocatori devono tirare il bocco dalla linea delle cappe verso una riga tracciata alla distanza stabilita. È qui che i giocatori più svelti urlano le regole, quelle due o tre che è permesso cambiare in una giocata.

"Fuor di riga urti" vuol dire che tira per ultimo chi manda il bocco oltre quella riga. Il primo a tirare è quello che va più vicino alla riga senza oltrepassarla.

Al primo turno si devono bocciare le cappe, si dice anche "inzuccare". Dopo di che, con il palmo della mano, si misura la distanza del bocco dalle cappe, questa è la palmata, e si fa il secondo tiro, partendo dal bocco più lontano. Se non si fa la palmata, si ricomincia subito il gioco.

Precisi come orologi, tutti i pomeriggi si ritrovavano nel campino della parrocchia, dietro la chiesa.

Prima il bagno nell'Ema e poi a giocare a cappe nel campino.

«Vai Careggi tocca a te!».

Gino si concentrò per il tiro. La gamba destra piegata in avanti sul ginocchio e la sinistra indietro; la mano che teneva il bocco tra il pollice e l'indice all'altezza dell'occhio destro. Il sinistro chiuso per prendere meglio la mira.

Careggi era l'ospedale più importante di Firenze, Gino lo chiamavano così da quella volta che si ammalò e poi stette più di tre mesi senza voce. Fu nell'inverno della grande nevicata, quando gli amici, per scherzo, gli avevano infilato la testa dentro la neve. Da allora la voce gli si abbassò per sempre e gli diventò un po' roca.

Gino, anche se era un po' secchetto, scoppiava di salute.

Era un bel ragazzino dalle gambe svelte, i muscoli guizzanti sotto la pelle scura, il ciuffo sulla fronte che gli calava sempre sugli occhi e la lingua sciolta come una suocera.

«Careggi tu freghi!».

Gino aveva la punta del piede un po' oltre la riga. Le regole sono regole e Succhiello era inflessibile. Dopo due o tre movimenti di prova, il colpo partì. Il bocco inzuccò una cappa e di rinterzo ne buttò giù un'altra.

«Non vale».

«Careggi t'hai fregato!».

«T'avevi il piede sulla riga».

«Ma se l'avevo rimesso per bene!».

«Non tu l'hai rimesso».

«Bugiardo!».

«A chi?».

«A te».

E fece per prendersi le palline che secondo lui aveva vinto.

«Lasciale lì».

«L'ho vinte e le piglio».

«Lasciale!».

Gino si chinò per prenderle, ma Succhiello con una spinta lo buttò per terra. Balena difese Gino. Sissi difese Succhiello. E così gli altri. Dopo poco era tutto un groviglio di gambe e di braccia che si rotolavano nella polvere.

Quella sera tornarono a casa tutti segnati. Gomiti e ginocchi sbucciati, nasi gonfi. Gino tornò con la maglietta strappata e un occhio viola.

«O che hai fatto?» gli chiese la mamma.

«Sono cascato mentre correvo».

«Cascato? Ma su un cazzotto!».

«T'ho visto io nel campino a fare a cazzotti con quegli altri!» rincalzarono l'Anita e la Natalina.

«Ah, sì? Ragazzaccio che non sei altro!».

La mamma gliene dette sode e così fecero le mamme degli altri. Se lo dissero la sera a veglia, sedute sulle seggioline a fare la treccia.

«Com'è tornato stasera i' tu' figliolo?».

«Tutto segnato come un "ecceomo"».

«Anche il mio...».

«Il mio poi! Aveva anche la maglia strappata!».

«Ma io gliel'ho date sopra!».

«Anch'io.».

«E io? Se non me lo levavano di sotto...».

Quella sera i ragazzi furono messi a letto presto e non si videro giocare a nascondino dietro la strada tra i campi e i viottoli, al lume delle lucciole, come tutte le sere.

Non solo, ma qualcuno di loro il castigo lo ebbe anche per il giorno dopo. A Gino per esempio gli toccò stare tutta la mattina a ricamare con le sorelle, visto che fino da piccolo aveva dimostrato di essere bravino. Da allora in poi, gli amici quando lo volevano canzonare gli dicevano: «Careggi, vai a ricamare l'è meglio!».

Così passarono quelle estati al Ponte a Ema. I pomeriggi lunghi e assolati scorrevano veloci uno dopo l'altro.

Era un gioco anche farla insieme tra le stoppie, sotto gli olivi, mentre cantavano le cicale; e poi pulirsi con i sassi e le foglie.

«La tua, guarda com'è rossa!».

«La tua l'è verde!».

«O che hai mangiato, l'erba?».

«Bada lì, che piota!».

«Madosca che stronzolone!».

Era sempre una gara a chi era il più bravo. A

chi pisciava più lontano, a chi sputava più in là, a chi saltava più lungo, a chi fumava più vitalbe, a chi stava più sott'acqua, a chi correva più forte. A correre Gino era il più bravo. A piedi o in bicicletta vinceva sempre.

La sua prima gara fu a piedi. A dodici anni era diventato aspirante di Azione Cattolica.

La scuola era finita da pochi giorni e don Mario portò tutti gli aspiranti a fare una scampagnata all'Incontro, dove c'è il convento dei frati cappuccini. Fu qui che Gino vinse la sua prima corsa su quei viottoli, tra le macchie di more, saltando come una lepre sulle balze e tra i sassi.

Quando l'erta si faceva più dura, se li lasciava tutti dietro, anche Balena che era più grande, più forte e anche smaliziato. Vinse un bel sacchetto di caramelle che spartì con i compagni dopo aver fatto merenda tutti insieme.

Se ne tornarono a sera quando i babbi rientravano dal lavoro. A piedi, chi faceva il lavandaio a Grassina o il contadino; in bicicletta, chi faceva l'operaio a Firenze.

È su una bicicletta come queste che Gino imparò.

Il suo babbo si chiamava Torello, faceva lo sterratore e aveva una vecchia bicicletta col freno a contropedale e il lume a carburo.

Il giorno più bello fu quando Oscar Casamonti chiese a Torello: «Che me lo mandi Gino a lavorare con me?».

Oscar aveva aperto una bottega di meccanico a Firenze; di biciclette, naturalmente.

Fu così che Gino sulle biciclette imparò tutti i segreti che il Casamonti conosceva, soprattutto su quelle da corsa.

Oscar era un giovanotto dalla faccia aperta, un po' bassino ma agile e robusto, che correva in bicicletta e se la cavava bene. Era dilettante e aveva vinto già qualche corsa, comunque era sempre tra i primi.

Per questo lavorava solo tre giorni la settimana, per allenarsi meglio negli altri tre.

Il Casamonti si era accorto subito che questo ragazzetto in bicicletta ci sapeva fare.

A volte la sera tornavano insieme al Ponte a Ema e Gino riusciva sempre a stargli alla ruota, anche sulla salitina dopo la Badia. Ma quando gli amici gli dissero che Gino faceva l'Erta Canina con quella bicicletta, non ci credeva. Un pomeriggio si decise e ci andò.

L'Erta Canina è una stradina che si inerpica da porta San Niccolò fino al Viale dei Colli, tra i muri delle case.

Da quanto è ritta ci fecero degli scalini bassini e larghi per facilitare la salita e la discesa. Oscar lasciò la bici sul viale e lo aspettò. Era vero. Gino saliva dondolandosi sui pedali, senza affaticarsi troppo.

«Oscar, i' che tu fai costì?».

«Allora è vero che ce la fai!».

«Perché, te no?».

Il giorno dopo il Casamonti gli sistemò una bici da corsa che gli fece pagare un po' alla volta, trattenendogli un tanto dalla "settimana".

A bottega Gino non imparava solo i segreti del meccanico, ma anche quelli del corridore, ascoltando, senza perdere una parola, le conversazioni di quelli che capitavano; spesso amici di Oscar, che discutevano di corse e di sistemi di allenamento.

A sedici anni Gino si era fatto un bel giovanottino, smilzo e forte. Quando un giorno sul San Donato Gino lo staccò, Oscar si decise: gli montò una nuova bicicletta su misura e lo iscrisse alla sua prima corsa da allievo con la maglia della S.S. Aquila, la società sportiva del Ponte a Ema.

II

Dove si racconta dell'infanzia di Fausto, degli inverni nebbiosi, della caccia ai passerotti, di Zagara la cavalla, del nido della merla, della zia Albina maestra di scuola, delle veglie d'estate; e di quando Fausto una mattina dice: «Papà, da oggi non zappo più».

Vagarono per giorni e giorni alla ricerca disperata di cibo. La neve aveva ricoperto i campi, le strade, le aie dei contadini e i tetti delle case d'intorno: Castellania, Sant'Agata, Sant'Aloisio. Paesini di poche famiglie, lì ormai da secoli, arrampicati sulle colline sopra la stretta valle divisa dal Rio, il piccolo fiume che scorreva tra i sassi e gli alberi spogli ricamati dalla neve, giù fino allo Scrivia. Non avevano trovato niente. Né una bacca nelle macchie seccate dal gelo, né un chicco di grano tra le zolle rimosse dall'aratro, dure come pietre, né le briciole di avanzi che le donne di solito spargevano per terra davanti alle stalle, quando governavano i polli e i maiali: pane secco, torsoli di mela, bucce di patate.

Avevano volato per ore in quella mattina fredda di febbraio, giù dal costone di Sant'Aloisio, appena il sole pallido e biancastro si era alzato sopra la rocca per illuminare le prode fin su a Castellania.

Si erano fermati sui massi del Rio, lungo le rive, tra le macchie di rovo, saltellando qua e là in cerca di qualcosa da mettere nel becco. Niente. Indeboliti dalla fame, i loro voli diventavano più brevi e ci misero un po' prima di risalire verso Castellania.

Sapevano dove andare: verso una casa di contadini proprio all'ingresso del paese. Sorgeva al riparo di una costa sostenuta da olmi cedui, bordata da un muricciolo basso, con l'aia a mezzogiorno, riparata dal vento di tramontana, e intorno la stalla, il pozzo e il fico. Il forno era sotto il porticato.

I passeri più vecchi se lo ricordavano. Avevano sempre trovato qualcosa da mangiare, anche negli inverni più duri. Scesero sull'aia e si guardarono intorno: neve dappertutto. Bisognava avventurarsi fin sotto al porticato. I maschi più anziani beccarono le prime briciole di pane. Qualcuno si insospettì, ma la fame fu più forte. Vennero avanti anche le femmine e i passerotti più giovani.

Furono due vampate improvvise, due schianti tremendi.

Restarono quasi tutti per terra morti e feriti. Se ne salvarono solo due o tre, che erano rimasti più indietro.

«Fausto, attento a quello, va sotto la cesta!».

Il ragazzo così chiamato si alzò da dietro il carro dove erano appostati, si gettò verso la cesta di vimini rovesciata sul pavimento e lo afferrò.

Era un maschio ferito a un'ala. Il ragazzo dovette farsi coraggio, lo sbatté con forza per terra e lo finì. Così fece il fratello con gli altri feriti che svolazzavano a malapena.

«Saranno una ventina, neh?».

«Anche di più. Conta su!».

«Qualche volta vi scoppia tra le mani!».

Mamma Angiolina si era affacciata sulla soglia. Era una donna alta e forte, sformata dalla fatica, il mento che quasi si toccava con il naso prominente, le braccia forti, le mani grandi e nodose come quelle di un uomo, gli occhi un po' sporgenti, lo sguardo buono come velato da una stanchezza antica. Dicevano che si era riposata soltanto le volte che aveva partorito i suoi cinque figlioli: Maria, Livio, Dina, Fausto e Serse, l'ultimo della serie e il più vivace.

«Stasira a fùma un bel arost!».

«Ma a'g pensam nuiàtar, Serse, duma!».

Il fratello lo seguì sotto il portico a riprendersi il fucilone e il pistolone che avevano fatto la strage.

Li avevano trovati l'anno prima frugando in

soffitta. Dovevano essere del nonno o addirittura del bisnonno.

Tutti e due ad avancarica o, come si diceva, "a bacchetta", perché si caricavano con una bacchetta di legno, che, introdotta dalla cima della canna, pigiava fino in fondo, prima la polvere da sparo, poi tutto quello che ci si metteva: dal sale grosso, per spaventare i ladri di polli, ai pallini di piombo, ai pallettoni, ai chiodini, ai pezzetti di ferro, a ogni sorta di frattaglie ferrose più o meno arrugginite, che non mancavano mai nelle case dei contadini, dove si aggiustava di tutto un po'.

Fausto, con l'aiuto di Serse, li aveva ripuliti, smerigliati, oliati ben bene e rinvoltati nella carta di giornale, da dove venivano tolti le poche volte che si potevano adoprare per questo tipo di caccia, sempre vicino a casa.

Il fucile era una vera e propria spingarda; lungo e pesante, andava piazzato bene perché aveva un bel rinculo. Roba da marcare di lividi la spalla magrolina di un ragazzo tutt'ossi come lui. La botta poi era uno schianto che faceva vibrare i vetri delle finestre e assordava i timpani, che seguitavano a ronzare per un bel po'.

Il vento gelido spazzava l'aia, infilandosi fin dentro il portico, e mordeva le mani arrossite dai geloni, le orecchie e il naso scoperti sotto il berretto invernale, penetrava fin sotto le giacche più grandi di loro, rifatte da quelle di papà Domenico, di zio Giuseppe o di Livio, il fratello maggiore.

Anche i calzoni corti erano roba di famiglia, tenuti su da capaci bretelle. Sotto spuntavano le calzemaglie nere tutte buchi e rammendi, che in qualche modo li proteggevano dai morsi del freddo, infilandosi fin dentro agli scarponi dalla suola di legno, impataccati di mota.

Rientrarono nella grande cucina riscaldata da un bel ciocco di rovere, che bruciava allegro dentro l'enorme focolare, e si misero all'opera. Bisognava spennare i passerotti e preparare gli spiedini. Un tocchetto di pane raffermo, una foglia di salvia e di alloro, un pezzo di lardo, un uccellino, un altro pezzetto di pane e così via. Sentivano l'acquolina in bocca scivolargli giù fino allo stomaco, sempre più vuoto, che aspettava l'ora di cena.

Si cenava presto d'inverno, in casa Coppi. Alle sei, sei e mezzo; la mamma e la nonna apparecchiavano la grande tavola, di quelle che nelle occasioni importanti si allungavano tirando fuori le giunte che scorrevano da sotto.

Fausto e Serse sorvegliavano gli spiedini, seduti sulla panchetta dentro il focolare. Li giravano ogni poco, ungendoli con un rametto di salvia, bagnato nell'unto che colava via via nello sgrondatoio posto sotto la graticola.

Il profumo dell'arrosto era ormai irresistibile.

«Duma, l'è cott!».

Finalmente la polenta era cotta. La mamma tolse il paiolo dalla catena appesa sul fuoco, si avvicinò al tavolo con cautela, inclinandolo lentamente. La polenta scivolò sul vassoio di legno allargandosi in tondo, al centro della tavola. La tagliò a fette larghe con un filo di refe e la depose fumante sui piatti, offerti da mani bramose.

La nonna portò il piatto con gli spiedini, sui quali era stato versato il sugo untuoso e succulento.

Papà Domenico fece le parti, cercando che a ognuno toccasse almeno un pezzettino di ogni cosa.

Appena annusava il primo odore della primavera, Fausto saliva sul muricciolo che limitava l'aia. Di fronte la rocca di Sant'Aloisio e il campanile di Sant'Agata, giù sotto il rio che divideva la stretta valle. Di là dal fiume i campi: diverse pertiche di terra che i Coppi coltivavano a grano e a granturco tra filari di viti.

Ma erano argille povere di sole, che davano un vinello piuttosto deboluccio, tanto che papà

Domenico preferiva vendere l'uva piuttosto che fare il vino. Di qua dal fiume il bosco. La strada carrareccia passava tra olmi, roveri e ontani fino al rio. Qui i Coppi avevano costruito coi tronchi d'albero un ponticello robusto, alto sull'acqua, abbastanza perché il carro trainato dai buoi potesse passare anche quando il rio si ingrossava, nel periodo delle piogge.

Fausto entrò nella stalla, staccò la Zagara, la condusse fuori per il morso e con un agile balzo gli fu sopra. Così, senza sella.

«Zagara, hop!» le sussurrò piegandosi verso un orecchio.

La cavalla prese un trotto vivace e si avviò sulla carrareccia, giù verso il rio. Anche a lei piacevano queste sortite con Fausto.

Abituata al calesse di papà Domenico, un vero portento, invidiato dalla gente dei dintorni, Zagara gradiva una bella corsa per il bosco e tra i campi con quel ragazzo leggero e fidato, che la sapeva trattare. Non come Serse che gli faceva i dispetti e che lei aveva già fatto ruzzolare per terra un paio di volte, quando aveva tentato di montarla. Fausto gli piaceva perché parlava poco e a voce bassa.

Quando la sera entrava nella stalla per governarla, a volte si avvicinava zitto e le apriva la mano proprio sotto il muso.

«To' Zagara!».

Era zucchero. Se lo avessero saputo quelle donne, le avrebbe certamente buscate. Allora lo zucchero era prezioso. Si portava anche ai malati quando si andava a trovarli in casa o all'ospedale, insieme al caffè.

A Fausto piaceva sentire la lingua calda e umida della Zagara sulla mano. Gli dava un colpetto affettuoso sul muso e lei si girava di lato.

«'notte, bella!».

Finita la discesa, la guidò sul sentiero lungo il fiume e la mandò al galoppo fino al ponte di Carezzano, dove la strada si divide per salire a Sant'Agata. Poi lasciarono il sentiero e risalirono verso casa.

Con Serse invece andavano insieme alla ricerca di nidi.

Si aggiravano nel bosco a spiare gli uccelli in amore.

Sulle siepi, tra i cespugli, sui rami degli alberi individuavano le coppie che intrecciavano i loro voli intorno al punto dove avrebbero fatto il nido. I cardellini neri e gialli, con la testa incappucciata di rosso vivo, i verdoni brunastri con le ali grigioverdi striate di giallo, le averle marroncine con la pancia chiara a macchioline. Ma i più ricercati erano i nidi dei tordi e soprattutto dei merli, perché erano uccelli da richiamo.

Lo zio Giuseppe, che era il cacciatore di casa, glieli pagava bene i piccoli: una lira l'uno. Appena adulti, messi nelle gabbiette di legno verde, cantavano, richiamando i compagni in libertà verso il capanno, dove i cacciatori si erano nascosti per tirare ai malcapitati che, attirati dal richiamo dei prigionieri, si erano avvicinati sui rami degli alberi più vicini.

Il merlo era il più bravo perché riusciva a fare il verso a quasi tutti gli uccelli del bosco. Ma era anche il più difficile da allevare perché i piccoli lasciavano il nido dopo circa due settimane e per almeno altre tre erano nutriti dai genitori. Quindi, una volta catturati, bisognava stare attenti a nutrirli poco e spesso. Allora Fausto e Serse li imboccavano con pezzettini di ciliegie, fichi, mele e altri frutti di cui erano ghiotti.

«Attento, arriva la mamma!» lo avvertì Serse. Ma Fausto aveva già infilato i piccoli dentro la camicia e scendeva svelto dall'albero.

Il nido del merlo era a forma di coppa, fatto di rami intrecciati e tappezzato internamente di fango. C'erano dentro quattro piccoli con le enormi bocche aperte, orlate di giallo, che pigolavano a più non posso, quando li prese in mano delicatamente. La merla si accorse subito che il nido era vuoto e cominciò a girare intorno all'albero come impazzita.

La lasciarono così, allontanandosi furtivi. Ma da allora non ci ritornarono più.

La zia Albina era la maestra di Castellania. Una donna alta e ben formata, con una bella faccia sorridente e gli occhi furbi. Energica, simpatica e volitiva aveva sposato lo zio Giuseppe, il fratello di papà. Lo zio aveva rinunciato per lei alla sua vita di giovanotto scapestrato, alle fidanzate che aveva sparse nei paesi vicini, alle generose bevute con gli amici.

Allora quando di notte lo zio rientrava, Fausto lo sentiva mettere il paletto alla porta. Era segno che la giornata era finita davvero.

La zia Albina faceva scuola a quarantasette ragazzi. Tutte le classi, dalla prima alla quinta.

I più piccoli non avevano ancora l'età, ma li prendeva lo stesso per non lasciarli in giro, visto il daffare che avevano gli adulti.

I più grandi avevano ripetuto qualche classe.

Le femmine erano ragazze fatte, quasi da marito. I maschi, si sa, erano più zuzzurelloni e prima che diventassero giovanotti, ne doveva passare di tempo.

Anche Serse andò a scuola prima, perché Fausto si impuntò come un mulo.

«Se non viene Serse, a scuola non ci vado».

La scuola era un grande stanzone con la stufa di terracotta a elementi. Tutte le mattine i ragazzi arrivavano ognuno con un pezzo di legno da catasta per riscaldare la stanza. I banchi erano di legno a due posti, con il sedile unico, il sottobanco per la cartella e il piano verniciato di nero con i buchi rotondi per infilare i calamai di porcellana bianca. L'inchiostro lo faceva la maestra, mescolando nell'acqua una polvere nera che teneva in una scatolina di cartone.

«Angelo Fausto Coppi!».

«Presente!».

«Fausto, alzati e vieni qui».

La maestra aveva interrotto l'appello degli alunni e lo aveva chiamato alla cattedra. Lui si avvicinò lentamente dondolandosi sulle lunghe gambe, con la testa reclinata sul petto, gli orecchi un po' a sventola che cominciavano a tingersi di rosso, sotto l'occhio indagatore della maestra.

«Allora, perché ieri non sei venuto a scuola?».

«Mi sentivo male».

«Guardami un po'. Lo sai che dopo lo chiederò a tua madre, se è vero».

«Sono andato in bicicletta».

«Ah, bravo! In bicicletta non ci potevi andare dopo la scuola?».

Cosa poteva dire? Che aveva preso l'Aquila dello zio per provarla e poi non aveva resistito a scendere fino a Villavernia, giù per quelle curve con il vento in faccia e poi ritornare su dondolandosi sui pedali, fino a sfinirsi? Era meglio starsene zitto, se non voleva peggiorare la situazione.

«Allora per punizione, scriverai sul quaderno di casa, cento volte: "Devo andare a scuola e non in bicicletta"».

La mattina dopo Fausto tornò a scuola con il compito fatto e la mano destra che gli doleva.

Dinanzi al muricciolo che costeggiava l'aia fino al muro della stalla si ergeva un olmo secolare.

La sera d'estate, dopo cena, gli uomini si sedevano lì sotto a veglia, sulle sedie girate alla rovescia. Appoggiavano i gomiti allo schienale e fumavano la pipa, mentre la conversazione prendeva la strada di sempre.

I quintali d'uva della vendemmia, le staia di grano e di granturco delle ultime annate, i prezzi dei maiali e dei vitelli, i nuovi negozi che avevano aperto giù a Novi, il Carso e la Bainsizza, le ferite di guerra; i compagni del paese caduti sotto la mitraglia dei crucchi, i grigi dell'Alessandria e i gol di Meazza, ma soprattutto in questa stagione le storie di caccia e di bicicletta.

I ragazzi seduti, chi sul muretto, chi sulle seggioline delle donne, chi per terra, rizzavano le orecchie e non perdevano una parola.

Le canizze dei segugi su per le balze dietro la "rossa". Così chiamavano da quelle parti la lepre. Le lunghe attese al balzello facendole la posta al biforcarsi dei sentieri, alle prime luci dell'alba o nella penombra dei tramonti, quando lei lascia la macchia e si avventura sul pulito in cerca di cibo e d'acqua. Le starne fuggite di pedina nei macchioni, impenetrabili ai cani da penna; le "padelle" mai confessate; le cartucce del dieci e le "corazzate"; i fucili Beretta e i Bernardelli calibro dodici. E poi i cani. Ogni cane, una storia. Come quella volta che papà Domenico ferì il cane per sbaglio. O quella di Lola quando fu morsa dalla vipera.

E quella volta che pagarono Binda perché non andasse al Giro d'Italia. Era troppo forte e non c'era più corsa. Fu in quell'anno che andò al Giro di Francia con Guerra, si ritirò e Guerra arrivò secondo.

E la scazzottata di Guerra con Pelissier? Certo a cronometro lui non lo batteva nessuno. La Locomotiva umana lo chiamavano. Meglio di Girardengo. Ma Girardengo era superiore in salita.

Eh, il Gira era una volpe! Portò Guerra da Cavanna, appena si sentì vecchio, per metterlo contro Binda.

Le pensava tutte. Eh, il Cavanna gli ha insegnato tutto. Quello è un mago. Però questo Giro l'ha vinto Binda, a trentatré anni. Guerra lo deve ancora vincere. Ha avuto sfortuna. Anche quella volta che due anni fa si ritirò. Fu quando vinse Camusso. I primi tre: tutti piemontesi. Camusso, Giacobbe e Marchisio. Sarà il vino buono che ci fa andare più forte!

Ridacchiavano e andavano avanti così fino all'ultima tirata di pipa, prima di andare a letto. Un colpo di tosse, l'ultimo sputo per terra e lasciavano la notte ai grilli e alle civette.

Il mattino dopo erano di nuovo sulle terrazze a spaccare le zolle. Ma una mattina Fausto si fermò, appoggiò un gomito alla zappa e disse: «Papà, da oggi non zappo più!».

III

Dove si racconta di Gino che corre in bicicletta con la S.S. Aquila del Ponte a Ema, dei suoi avversari, di Aldo Bini l'irriducibile rivale, delle scazzottate tra le tifoserie, di Lanciotto Ballerini e del suo "pugno proibito".

La maglia bianconera della Società Sportiva Aquila scollinò sulla curva di Villamagna.

«Dai Gino!» gli urlò il Casamonti.

Villamagna è su un poggiolo a cinque chilometri dalla nave di Rovezzano, dove era il traguardo.

Poche case a ridosso dell'Arno. L'ultimo a restargli alla ruota era stato il Cinelli. Prima aveva mollato gli altri due: il Bini e il Bizzi. Pratese il primo, livornese il secondo.

Infilò le curve strette della discesa e tagliò il traguardo a braccia alzate. Alla Nave gli amici del Ponte a Ema c'erano tutti: il Berti, il Mei, il Sissi, Nello, il fratello Giulio, Armandino, Dario e anche Mozzacapo, il barbiere del paese dal soprannome poco raccomandabile.

Il Cinelli era appena arrivato che già era al tavolo della giuria.

«Non vale, Bartali è fuori età!».
«Ma che tu dici».
«Tu sei briaco!».
«È fuori età».
«Boni, boni...».
«Te che ne sai?».
«Ora tu lo vedi».
«Calma ragazzi, ora si guardano i documenti».
«Quello di Bartali ce l'ho io» disse il Mei, che era il presidente dell'Aquila.
«Ecco vediamo... Diciotto luglio millenovecentoquattordici».
«Ha finito sedici anni ieri. È fuori per un giorno».
«Mei, ci dispiace bisogna levarlo dall'ordine di arrivo».
«Hai visto?».
«Tu volevi fregare».
«Fregare? Bada come tu parli».
«Eh, il Cinellino gli è sveglio!».
«Abbozzatela, per un giorno!».
«Le regole son regole».
«Anche per un giorno».
Cino Cinelli, un morino dalla faccia vispa, se ne andò contento in mezzo ai suoi fratelli più grandi, dilettanti dell'Alfa Cure. I Cinelli venivano da Montespertoli, terra di contadini dal cervello fino.

Gino rivinse ancora e spesso arrivò secondo. Il primo posto a volte lo vendeva.

«Gino, al traguardo c'è la mia ragazza, mi fai vincere?».

«Il premio me lo passi?».

«Sicuro».

«Allora vai tranquillo».

Capitava sempre un guasto meccanico, una volata attaccata troppo presto o troppo tardi, uno sbaglio a cambiare rapporto e gli toccava sopportare le domande assillanti degli amici.

«Perché sei partito lungo?».

«Perché hai cambiato?».

«Perché non l'hai staccato sulla salita?».

Ma Gino sapeva che quando vedeva qualche lira, Torello non scuoteva più il capo.

Il Bini fu la sua croce. Nato a Montemurlo, vicino a Prato, era di un anno più giovane di lui. Se lo trovò in tutte le corse da allievo e da dilettante.

Furono tre anni di duelli all'ultimo sangue: in salita, in discesa, in pianura, in volata. Più alto, più robusto, bruno di capelli, belloccio e simpatico, le ragazze se lo mangiavano con gli occhi. Vinceva ridendo e irridendo. Linguacciuto e pettegolo canzonava tutti, amici e nemici, e poi li bruciava con le sue volate repentine.

Il pisano Di Paco era il suo maestro. Bello come un attore del cinema, una via di mezzo tra Fosco Giachetti e Clark Gable, si affacciava alla finestra dell'albergo nella sua vestaglia rossa e salutava le ragazze che lo aspettavano all'arrivo delle tappe del Giro e del Tour, che spesso vinceva in splendide volate.

Bini era il campione dei pratesi. Con Balli, Bresci, Cipriani a gli altri ragazzi, formavano lo squadrone della Ciclistica Pratese. Una tifoseria becera e rissosa li seguiva dappertutto, ingaggiando con i seguaci di Bartali combattimenti memorabili fatti di scherzi, beffe, imboscate che a volte si concludevano in scazzottate furibonde.

Il giovane Bartali era più bassino, secco di corpo e asciutto di viso, aveva i tratti scolpiti nel legno di olivo, il ciuffo ribelle, lo sguardo appuntito e scontroso. Di poche parole, facile al mugugno, qualche volta si apriva a un sorriso fanciullesco, di fiorentino non ancora provocato.

Quella volta al Ponte a Ema avevano fatto le cose per bene. Era la corsa organizzata dalla S.S. Aquila. Tutti si erano frugati in tasca per pagare le spese e tutti erano scesi sulla strada ad aspettare l'arrivo, o meglio ad aspettare che Gino tagliasse per primo il traguardo sotto lo striscione sistemato nella via principale del paese.

La notizia la portò Mozzacapo in persona, che arrivò rombando sulla Norton con tanto di casco di pelle e occhialoni.

A pochi chilometri dall'arrivo, Bartali e Bini erano soli in testa alla corsa. Un brivido attraversò il popolo del Ponte a Ema.

Se non gli era riuscito di staccarlo sulla Consuma e sul San Donato, il Bini lo avrebbe fregato in volata proprio sul traguardo, con uno scatto dei suoi. Più che uno scatto, uno schizzo, come un gatto quando gli si chiude l'uscio addosso.

C'era solo una speranza: lo strappo dopo la Badia, all'ultimo chilometro. Una curva secca e poi sullo sterrato una gobba improvvisa. L'ultima carta da giocare.

Intanto quei due erano già passati dall'Osteria Nuova, quasi alla fine della discesa del San Donato. Bartali tirava alla morte e Bini era la sua ombra. Era dalla Consuma che lo sfotteva. Ogni volta che scattava lo raggiungeva.

«Ma dove tu vuoi andare! Vai, vai, tanto ti ripiglio!».

E lui zitto. Appena la strada tornava a salire di più, via via sui pedali fino a farsi schiantare i polmoni. Nulla da fare. Anche sul San Donato aveva tentato due volte e due volte l'aveva ripreso.

«Tanto a casa tua ci vinco io!».

Tutta la rabbia che aveva in corpo l'avrebbe bruciata su quello strappo dopo la Badia: sui Mòccoli.

Per i fiorentini i mòccoli sono uno strano miscuglio di bestemmie, improperi e accidenti. Si vede che su quella breve salita si erano dannati l'anima in parecchi!

Ecco il campanile, ecco la curva a gomito, ecco la strada che s'impenna e Gino che salta via come morso da una tarantola.

Bini restò un po' sui pedali, poi si divincolò nello sforzo di riprendergli la ruota.

"Mi bastano cinquanta metri" pensò Gino "e lo sistemo io".

Non guardò indietro. Il fiato addosso del rivale non lo sentiva già più, quando un sibilo gli attraversò il cervello e l'altro passò come il vento. Lui si afflosciò come il tubolare che l'aveva tradito.

Quando in fondo alla strada videro la maglia rossoblù del pratese, quelli del Ponte a Ema si sentirono mancare.

«No, il Bini no!».

«E Gino?».

«O non erano insieme?».

«Che è successo?».

«Ha bucato».

La notizia arrivò più veloce del Bini, che

tagliò il traguardo a braccia alzate ridendo, come sempre.

Gino arrivò col tubolare afflosciato e il morale sotto le scarpe.

«Vai Gino non te la prendere» gli fece il Bini «hai avuto sfortuna». Ma gli occhi gli ridevano.

Lo avrebbe infilato dalla rabbia. Invece insieme si avviarono a casa di Gino, lì a due passi, a cambiarsi e a lavarsi un po'.

I due in corsa erano nemici e se ne facevano di tutti i colori, ma per il resto erano amiconi.

Così quando si correva dalle parti del Ponte a Ema, Aldo era ospite di Gino, quando si correva vicino a Prato Gino era di casa da Aldo. Però quella sera il Bini esagerò.

Ebbe anche la faccia tosta di affacciarsi alla finestra e salutare i tifosi, venuti apposta con la speranza di festeggiarlo in casa del nemico.

Quelli del Ponte a Ema ci rimasero così male che non ebbero neppure la forza di reagire alle occhiate maliziose e alle battute mordaci che i pratesi non gli risparmiarono.

In Toscana vincere è bello, prendere per le mele chi ha perso è più bello ancora, alla faccia di De Coubertin.

Però ci sarebbe stata un'altra volta, pensarono quelli del Ponte a Ema.

E ci fu.

A Campi Bisenzio, a metà strada tra Prato e Firenze.

Il Bisenzio dopo essere sceso tra i capannoni di Vernio e Vaiano, attraversa Prato e, prima di confluire nell'Arno, s'impaluda nella piana dell'Osmannoro, tra campi, fossi e canneti. Zanzare d'estate e nebbia d'inverno. "Peretola, Brozzi e Campi è la peggio genìa che Cristo stampi", così si tramandano i fiorentini di padre in figlio.

Firenze era ancora racchiusa nella sua terza cerchia, quando i barconi che risalivano l'Arno ormeggiavano al Pignone sotto la torre di Santa Rosa vicino a porta San Frediano.

Il "pignone" un tempo era un pietrone rotondo intorno al quale ci arrotolavano le cime per ormeggiare le barche, le chiatte e gli zatteroni.

Allora i malandrini di ogni risma, ricercati dalle guardie di città, si nascondevano in quegli "smannori", e sparivano tra le zanzare e le nebbie. Questa gente con gli anni si rimescolò ai contadini che coltivavano le terre meno ostili e diventò popolo. La pecora fu la maggiore risorsa dei campigiani, che vendettero la lana ai pratesi e la ciccia ai fiorentini. Però tra Prato e Firenze i campigiani hanno sempre preferito stare con Prato.

Così fu che tra Bini e Bartali scelsero Bini.

Quella domenica sera le donne del Ponte a Ema aspettavano già da un bel pezzo i loro uomini. Fratelli, figlioli, mariti, babbi, fidanzati dovevano tornare da Campi Bisenzio, dove arrivava la corsa. E infatti tornarono alla spicciolata. Chi in motocicletta, come Mozzacapo, chi in bicicletta, la maggior parte, chi in automobile, come il Berti e il Mei, chi in tranvai: quello a due carrozze che arrivava fino a Grassina.

Tutti segnati come ecceomi: nasi gonfi, occhi viola, labbri spaccati, denti rotti, mani sbucciate, vestiti sbrindellati.

«Vigliacchi, gli hanno messo le bullette!».

«Gino l'hanno fatto perdere loro, quelle merde!».

«Era solo con il Bini. Avevano ripreso il Cecchi e il Del Cancia sul Cornocchio e poi li avevano lasciati.».

«Giù per le Croci Gino ha staccato anche lui».

«Tu vedessi come andava in discesa!».

«A Sesto aveva più di un minuto».

«Ormai non lo ripigliava più nessuno».

«È stato sullo stradone prima di arrivare a Campi».

«Si sono visti noi, coi nostri occhi, quei bucaioli... buttare le bullette per terra prima che arrivasse Gino».

«Infatti a Capalle ha bucato».
«E quello l'ha infilato».
Gino dalla rabbia piangeva: «Merdaioli, mi hanno messo le bullette!» diceva.
«E voi?».
«Noi al traguardo gli se n'è dette di tutte».
«Ladri!».
«Bullettai!».
«Ma quando ci dissero: "Fiorentini di' Ponte a Ema anche questa volta l'avete preso in culo!" il Sissi non stette più nei panni e con una sassata ne prese uno proprio nella testa».
«Poi non si è più visto».
«Lui fa sempre così. Il primo a tirare e il primo a sparire».
«Ma noi siamo rimasti».
«Erano più di noi».
«Abbiamo fatto volare d'ogni cosa: tavolini, sedie, sassi, paletti...».
«Se n'è mandati di molti a Careggi!».
«Però anche voi vi hanno conciato di nulla!».
«Più che altro si può ringraziare il Ballerini».
«Chi, Lanciotto?».
«Sì, lui, quello che fa il macellaio proprio in paese, vicino alla Cassa di Risparmio».
«L'hai visto com'é. Grosso non è tanto grosso, ma dà certi cazzotti, sembrano ballini di riso!».

«Dice che ha il pugno proibito».

«Si era messo spalle al muro e chi di noi gli arrivava a tiro: colpo, colpo, li faceva volare come passerotti...».

IV

Dove si racconta di Fausto che va a garzone a Novi dal Merlano, macellaio di maiali e salumiere; delle sue corse in bicicletta dietro ai corridori; della sua prima Maino; e di quando va con gli amici a vedere la Milano-Sanremo e vince Bartali.

Camminavano di buon passo.

Il vecchio, l'anca un po' rigida, soffriva la discesa.

Il ragazzo, le gambe lunghe nei calzoni alla zuava, le spalle ingobbite, tratteneva per il manubrio la bicicletta che il fratello gli aveva prestato per scendere a Novi. Con l'altra mano reggeva un fagotto, la sua colazione, chiusa in un fazzoletto a quadri. Ora la strada bianca di polvere andava sul pari e procedevano in silenzio più sicuri nel passo.

Il vecchio sotto la tesa del cappello scuro, calato sugli occhi, masticava mezzo sigaro spento.

Il ragazzo sbirciava ai lati, sul ciglio della strada, dove era schizzato un merlo di traverso fino a tuffarsi nella macchia.

Un bel tiro, pensò, d'imbracciata, senza prendere la mira, d'anticipo sulla traiettoria, prevedibile ma mai sicura: sempre bassa però.

Alla prima curva che accennava a salire, il vecchio si fermò e lo guardò: «Ciau Fausto, e fa ar brav neh?».

Il ragazzo fece di sì con a testa, si chiuse ancor più nelle spalle strette della giacca un po' striminzita e montò sulla bici.

Il vecchio si accese il mezzo sigaro e i baffi gli tremarono un po'. Allora si girò e riprese il cammino strascicando la gamba. Fausto inghiottì la saliva e si buttò a capofitto nella discesa.

Lassù dietro di lui Castellania rimpicciolìva, ancora scura nel chiarore del mattino.

L'aria frizzante della libertà gli entrava nei polmoni, con quel pizzico di paura che l'ignoto lascia sempre nel cuore.

«Domenico! Faustéi l'è chì, Faustèi di Coppi. Dai, sorta!» Affacciatasi nel retrobottega, la signora Merlano chiamò il marito.

Apparve "u siur" Domenico sulla soglia: alto, grosso, le guance rubizze.

«Ciao Faustèi! Te nì su bunùra, brav! Ven da là che ti faccio vedere dove l'è che ti metto a dormire».

Aprì la porta dello stanzino. Un lettuccio di ferro addossato al muro, il comodino zoppo, due tracce d'aglio addossato alla parete, il lavabo smaltato bianco e un sacro cuore di Gesù un po' sbiadito a capo del letto. Niente finestra; solo una lampadina nuda penzolava dal soffitto.

«Ti piace? Dman matèna, a cenc'ùr, duma a massà i gugnéi».

Così fin dalla mattina dopo Fausto imparò come si fa ad ammazzare il maiale in città. Niente mazzuolo. Un archetto sulle orecchie, una scarica elettrica ed è tutto finito. Patisce meno il maiale ed è un lavoro pulito.

«Ar garsunéi dar maslé!». Il giovane garzone del macellaio! Così lo chiamavano le servette quando gli aprivano la porta di quelle case odorose di burro cotto e cera da pavimento, coi campanelli di ottone ben lucidati e le scale di marmo. Così si faceva il fiato, su e giù per le scale portando la roba ai clienti. Una volta capitò perfino a casa di Girardengo. Gli aprì lui in persona, il Campionissimo. A Fausto gli batteva forte il cuore dall'emozione e ci rimase male quando Girardengo senza neppure guardarlo, si lamentò della roba e non gli dette neppure la mancia.

Passavano i mesi e lui correva per ogni parte della città a fare le commissioni sulla sua bicicletta del Merlano, un vecchio arnese con due portabagagli, uno davanti e uno di dietro. Spesso la sera non restava a dormire a Novi e rientrava a Castellania. Venti chilometri all'andata e venti al ritorno con tanto di salita da Carezzano in su, con la bicicletta di Livio, pesante come una carriola. Intanto si affinavano i tendini e si ingrossavano le cosce. Il suo divertimento era mettersi alla ruota dei corridori che si allenavano su quelle strade. Lui con quel macinino, loro con quelle bici da corsa leggere come libellule.

Una mattina arrivò a bottega che gli occhi gli brillavano dalla contentezza. «Che c'è Fausto?» gli chiese u siur Ettore. Niente, niente... Non voleva dirgli che li aveva staccati sull'ultima salitella. Avevano fatto di tutto per toglierselo dalle ruote, quel ragazzotto dal naso lungo e melanconico.

Ma non ci fu niente da fare. Restarono di sasso, quando gli volò via come un fringuello, dondolandosi sui pedali.

Un giorno gli arrivò una lettera con un grande francobollo dai colori vivaci. Veniva dall'isola di Ceylon: era di zio Fausto, capitano della marina mercantile. Dentro c'erano quattrocento lire e un biglietto: «A Fausto, perché possa comprarsi una bicicletta da corsa».

Da Bovone, nel centro di Novi, c'era una Maino in vetrina: grigio perla, lucente di cromature. Cinquecentosessanta lire.

«Papà» accennò Fausto sottovoce la sera a cena, senza nemmeno il coraggio di guardarlo nel viso.

Ma il vecchio capì.

«Duma, duma».

La mattina dopo erano già là. Bovone gliela mise giù, gli fece provare la catena come scorreva sui rocchetti e sulla moltiplica, i freni che inchiodavano il cerchione appena li tiravi, ma sul prezzo non cedette di una lira. Li volle proprio tutti.

E papà Domenico pagò. Un po' a malincuore, ma alla fine contento di vedere gli occhi lucidi del ragazzo, che non vedeva l'ora di sentirsela sotto le gambe.

Papà Domenico teneva per Bartali, il giovane campione fiorentino che proprio quell'anno aveva vinto il Giro d'Italia. Fausto aveva la sua foto ritagliata dalla *Gazzetta dello Sport*, attaccata sulla porta di camera.

Gino Bartali: gli occhialoni tirati sulla visiera del berrettino bianco e il sorriso di giovinotto buono.

Ma sotto c'era la foto di Gepin Olmo, il suo campione preferito, con la maglia della Bianchi.

Composto in sella, la pedalata rotonda, perfetta armonia di agilità e potenza.

Forte in salita, irresitibile sul passo, era elegante e cortese, come Fausto sognava di diventare. Aveva i capelli pettinati all'indietro, lucidi di brillantina, con la divisa nel mezzo.

A letto nel buio dello stanzino, quando u siur Domenico chiudeva la porta del retrobottega e spengeva la luce per andare a dormire, tutto era silenzio. Sentiva solo l'orologio a pendolo nell'ingresso. Si addormentava che ancora non era arrivato in cima al Pordoi.

Aveva una bella Legnano, con il cambio Campagnolo, i tubolari incrociati sul petto, fini come la seta, e le gambe profumate di embrocation.

Cinque lire gli costò la prima maglia da corridore che gli fasciò le spalle esili. Di lana leggera, con le grandi tasche di dietro, dove infilava le fette di pane scuro col salame e le uova sode che la mamma Angiolina gli preparava al mattina presto prima della partenza.

Ora poteva figurarsi di essere Olmo. Come lui teneva ferme le braccia sul manubrio ad angolo retto, le spalle immobili, come lui muoveva le gambe con le ginocchia vicine alla canna del telaio e si stendeva fino in fondo al sellino.

Ora immaginava di essere Bartali, quando si

alzava sui pedali e attaccava i primi tornanti del giro di Gavi.

Il 19 marzo li avrebbe visti finalmente i campioni passare sul Turchino, alla Milano-Sanremo. Partì di buon'ora per prendere i posti migliori, quelli sui tornanti vicino alla vetta. Lasciata la strada di Castellania, entrò nella statale e se li trovò subito davanti: "i milanesi".

Li chiamavano tutti così quelli che venivano di lassù, da città e paesi lontani, per vedere la Milano-Sanremo. Alcuni si erano messi in cammino al primo albeggiare. Gruppi di amici, per lo più ragazzi e giovanottelli che macinavano chilometri e chilometri, cavalcando ogni specie di bicicletta. Si lanciavano una sfida dopo l'altra. Volatoni mozzafiato lungo i filari dei pioppi che costeggiavano le risaie. Loro, i campagnoli delle colline d'intorno, li aspettavano al varco, "i milanesi" gente di pianura, per dargli la impietosa lezione appena la strada cominciava a salire.

Già dopo Novi parecchi avevano gli occhi di fuori e la lingua penzoloni. Li trovavano scoppiati a sedere sul ciglio della strada, sudati, i capelli bianchi di polvere, le labbra riarse.

Altri se la prendevano più comoda e si fermavano alle fontane a fare colazione, schizzandosi l'acqua addosso tra grida e risate. Anche quella volta, da Novi fino al Turchino, fu una strage di "milanesi". Fausto fece la sua parte e alla fine restarono in famiglia. Se la videro tra quelli che tutte le domeniche nelle corse di paese si tiravano il collo su per quelle colline. Fausto forò tre gomme, cadde in discesa, soffrì i crampi della fame, ma alla fine prese il volo e lo rividero solo in cima al Turchino.

«Ma che avevi addosso oggi?» gli chiese Livio, quando arrivò trafelato dopo quella rincorsa senza respiro. Aspettarono un bel pezzo prima che arrivassero. Ma i campioni li delusero. Arrivarono in gruppo. I migliori si erano sfilati negli ultimi tornanti, ma il colpo di scena, la fuga, non c'era stata.

Bartali vociava ai suoi gregari, Olmo era dietro di lui, ma quasi non lo riconobbe, coperto com'era di fango. Poi vide Mollo, Vicini e Bizzi. Ma fu solo un attimo. Di loro restò solo il vento e una nuvola di polvere. Seguitarono a passare quelli staccati, dopo le macchine del seguito e le motociclette. Gli ultimi si confusero con loro che ripresero la strada di casa.

Lo seppe la mattina dopo sulla *Gazzetta*: primo Bartali.

V

Dove si racconta della morte di Giulio, fratello di Gino; di quando anche Giulio cominciò a correre in bicicletta; di quando i due fratelli parlarono tutta la notte del Giro d'Italia che Gino aveva vinto per la prima volta e della maglia rosa che aveva portato al Ponte a Ema.

Quella sera del sedici giugno del millenovecentotrentasei, sulla strada che taglia in due il paese, lungo l'Ema quasi asciutto, c'era tanta gente.

E tante voci senza volto: voci conosciute eppure confuse.

«Un ragazzo, era ancora un ragazzo...».

«Gesummio che disgrazia...».

«Su Gino, fatti forza...».

Mescolati tra gli amici e la gente del Ponte a Ema Gino li aveva riconosciuti: Guerra, Girardengo, Bini, Bizzi, Di Paco, Cinelli, Del Cancia, Cecchi, Volpi, e il Pavesi con la sua pipa.

Il corteo svoltò verso il cimitero. Entrarono solo i primi, il resto aspettò fuori dai cancelli, presso al muro bianco, sotto i cipressi. Don Paoletti benedì la bara che scese in quella fossa umida e scura. Gino gettò un pugno di terra e una rosa rossa.

In casa restò il suo letto vuoto, la maglia dell'Aquila sulla sedia, le sue scarpette da corsa sotto il comodino e, sopra, la foto, quella che Gino, in maglia tricolore, gli aveva regalato l'anno prima.

Era arrivato di corsa all'ospedale di Santa Maria Nuova, vide Giulio, la sua testa fasciata e il suo viso pallido. Era cosciente e non sembrava grave.

«Giulio, che tu hai combinato?» gli chiese.

«Nasello, sono cose che capitano».

Era così che lo chiamava da quando Gino si era rotto il naso.

Era successo sull'asfalto bagnato mentre Giulio scendeva il San Donato. Aveva bucato una gomma, ma nella discesa aveva ripreso anche il Corsini che era solo in testa. Venivano giù sfiorando i fossetti e i muriccioli, quando una balilla sbucò da una curva.

Il Corsini ce la fece a passare, Giulio no. Un urlo e uno schianto, poi la gente d'intorno e lui sotto la bicicletta che tentava di rialzarsi.

Lo operarono e si aggravò d'improvviso: emorragia interna. Tentarono una trasfusione. Anche a Gino tolsero il sangue, ma non servì a niente.

«Portatelo a casa...» dissero i dottori.

Gino vegliò tutta la notte accanto al suo letto, appeso al suo respiro. E quando non lo sentiva più, gli pareva che anche il suo si fermasse, il petto schiacciato come da un peso insopportabile.

Cercava negli occhi del fratello uno sguardo, lui lo guardò una volta e gli strinse la mano. Poi il suo respiro, a tratti interrotto, si fermò.

Ancora una notte vegliò il suo corpo immobile di ragazzo pallido. Gli mise la sua catenina d'oro con la medaglietta di Santa Teresina del Bambin Gesù. A Gino rimase quella che teneva avvitata al manubrio.

«Oh, Gino» lo sfotteva sempre «attento che non te la freghino, che dopo non vinci più!».

Non era passata nemmeno una settimana da quando Gino era tornato al Ponte a Ema con la maglia rosa.

Gli fecero fare il giro del paese con la maglia rosa addosso. La sera, soli in camera, gli disse: «Giulio, che la vuoi provare?».

Lui se la infilò e si guardava allo specchio, si aggiustava i bottoncini del colletto e toccava lo stemma del fascio littorio applicato sul lato sinistro della maglia rosa, che aveva le maniche corte tricolori. Si provava sempre tutto quello che di Gino gli piaceva. Anche la divisa di aviatore, specie la giacca e la bustina, quando l'anno prima tornava la sera dalle Cascine. Lo salutava sugli attenti facendogli il verso e Gino con uno scapaccione gli faceva volare il berretto.

«Gino, che la prenderò anch'io la maglia rosa?».

«Hai voglia, basta però che tu non faccia il lavativo!».

«Vinceremo un po' per uno, ma non faremo le stesse corse».

Era un modo per dire che la rivalità faceva paura a tutti e due.

Giulio aveva tre anni meno e quell'anno aveva già vinto sei corse tra i dilettanti. Li aveva sempre staccati in salita ed era arrivato solo. A Castelnuovo Sabbioni al secondo gli aveva dato più di dieci minuti. Ancora un anno e sarebbe passato tra i professionisti. Era forte come Gino, forse di più. Ma era un po' vagabondo. Lavorare lo stancava e allenarsi duro gli costava fatica, soprattutto perché gli piaceva far tardi la sera con gli amici.

Su di un quadernino Giulio segnava il punteggio del campionato italiano; un quaderno di scuola con la copertina nera e lucida, le pagine a quadretti bordate di rosso. Quella volta che Bartali battè Bini alla coppa Bernocchi e fu campione italiano. La sera dopo Giulio entrò in camera con il quaderno: «Tieni Gino, questa volta i' Bini la smetterà di ridere!».

Fu lo stesso giorno che Gino aveva regalato la maglia tricolore alla Gioventù Cattolica del Ponte a Ema.

Ma quanto parlarono quella sera! Seduti sul letto, in mutande, e Giulio ancora in maglia rosa che voleva saper tutto del Giro.

«E allora Guerra che disse?».

«"Ragazzi ora c'è Gino con la maglia rosa e tutti si corre per lui"».

«Davvero?».

«Sicuro, e fu di parola. La Campobasso-Aquila era stata una tappa tremenda. Il freddo e la pioggia ci presero su quella salita che pareva una mulattiera. E sulla strada non c'era nessuno, solo pecore infreddolite».

Gino ero andato via sul Macerone e sul Pian delle Cinque Miglia aumentò il vantaggio. Fu qui che Girardengo, durante il Giro del '21, scese di bicicletta e fece una croce in mezzo alla strada, promettendo che di lì non ci sarebbe passato più.

Gino arrivò solo e prese la maglia rosa a Olmo.

«E Olmo, com'è?».

«Eh, Olmo è un campione vero. Sembra che non duri mai fatica. Pedala senza scomporsi; in pianura e a cronometro è imbattibile, in salita lo stacco solo io».

E poi Gino gli disse della Legnano, di Pavesi e dell'ammiraglia, del meccanico e del massaggiatore, di quello che si mangia e dove si dorme e poi dei gregari, dei paesi e delle città, di Roma, di Milano e di Napoli.

«E le Dolomiti?» gli chiese Giulio. Era la prima volta che si facevano.

«Si passa lassù in mezzo a rocce a picco su verdi vallate di pascoli e di abeti. All'alba e al tramonto diventano rosa come questa maglia. E in cima non si arriva mai: un tornante dopo l'altro, roba da togliere il fiato!».

«E la neve?».

«A maggio c'è ancora, sul ciglio dei tornanti, in vetta e poi più su in mezzo ai prati e tra le rocce. In certi posti ci rimane sempre».

Gli disse di Colombo, il direttore di corsa, sempre sull'auto scoperta con la spolverina bianca al vento e la bandierina rossa per le segnalazioni. Gli disse della gente ai bordi della strada, dei bambini delle scuole, dei preti e delle suore con i cartelli: viva Bartali.

«E i' Bini?».

«Aldo lo sai che ride sempre e mi sfotte anche quando perde. Frate Cipolla, mi chiama. In volata è ancora lui, ma in salita va peggio. "Gino" mi disse all'Aquila "ora non hai più rivali". "E te?" gli dissi. "Io ormai ho fatto il più". Certo se si fosse allenato come me, sarebbe stato l'osso più duro».

Quando spensero la luce, era più di mezzanotte.

Giulio si addormentò subito, prima di Gino; come sempre, Gino ascoltava il suo respiro. Era abituato e gli dava sicurezza. Ora come avrebbe fatto, con tutto questo silenzio?

La mattina dopo litigarono come sanno fare solo i fratelli.

Gino si era alzato presto per il consueto allenamento.

Lo chiamò piano ma lui continuò a dormire. Quando Gino tornò, la mamma e le sorelle lo assalirono.

«Gino digli qualcosa te, anche stamani non è andato a lavorare».

Era ancora in mutande seduto sul letto con un giornalino di Gordon.

«Perché non sei andato a lavorare?».

«Avevo sonno».

«Potevi venire in bicicletta con me».

«T'ho detto che avevo sonno».

«A che ora sei tornato stanotte?».

«All'ora che mi pare».

«Che tu credi di andare avanti di molto in questo modo? Senza sacrifici non si combina nulla di buono!».

«A te di' che fo io, che te ne frega?».

«Sei il mio fratello, bischero! Me ne frega e di molto».

«Te pensa per te, a me ci penso io».

«Guarda Giulio che se tu non cambi registro, te la vedi con me. O ti alleni o tu vai a lavorare. Così tu fai ingrullire e basta».

«Mi avete bell'e rotto; vedrete che mi levo presto dalle palle!».

Si infilò le scarpe e i calzoni e se ne andò sbattendo la porta. A quelle donne gli tenne il muso fino alla domenica, quando se ne andò a correre la mattina presto senza dire una parola, scendendo le scale con la bici in spalla.

Anche per questo piangono. Pensavano di fare la pace, come facevano sempre. Si riparlavano come per caso; una battuta e via.

Gino lo vedeva ancora scattare sulla curva un po' in salita che porta a Villamagna mentre si girava per misurare il distacco.

«O ripigliami campione!».

Facevano sempre alle corse quando andavano

a trovare la mamma a bottega, al suo bugigattolo di carbonaio.

Gino si alzava sui pedali e gli toccava soffrire per riprenderlo. Lo riagganciava sempre agli ultimi metri.

«Oh nano, t'hai da crescere ancora!» gli diceva.

Ma lo sapeva che sarebbe venuto presto il giorno che non gli sarebbe più riuscito riprenderlo. Invece quel giorno non verrà più.

VI

Dove si racconta della prima corsa di Fausto che vince un salame al Giro di Gavi, della lepre Bergoglio e di quando il mago Cavanna lo fa chiamare e lo prende alla sua scuola.

Che era domenica mattina Fausto se ne accorse perché non sentì il passo ineguale di papà Domenico giù per la scale, né Livio aprire la porta che dava sul cortile e dopo, sul selciato dell'aia, gli zoccoli dei buoi aggiogati sotto il portico.

Toccava a lui alzarsi per primo, infilarsi la maglia, i calzoncini neri che gli fasciavano le cosce e la maglietta con le tasche di dietro.

«Fausto, aspettami!».

Serse si svegliava sempre dopo di lui e lo chiamava quando lui era già in fondo alle scale. Aprì l'uscio di cucina ed entrò camminando a piedi pari.

«Ti sei svegliato presto» disse mamma Angiolina continuando a sventolare il soffietto di paglia sul fornello, per far bollire il pentolino del latte.

Le donne di casa si erano alzate che era ancora

buio. Tiravano su l'acqua dal pozzo con il secchio e accendevano il fuoco.

«Sta matèna u' và a cùr, neh Faustéi?».

La nonna parlava sempre al posto suo, quando capiva che il nipote era sotto accusa, sempre per quella mania di correre in bicicletta. Lui si chiuse nelle spalle, guardando di sotto in su, si mise seduto alla grande tavola e vi appoggiò la tazza che aveva preso dalla credenza.

«Cur, sempar cur... Era meglio che stavi dal Merlano, che imparavi un mestiere!» brontolò sua madre.

Serse rovinò giù per le scale e schizzò in cucina.

«Oggi li stracciamo tutti!».

«Su, dai nì su, ch'av dag u' latt!».

La nonna versò il latte nelle tazze bianche e per l'occasione vi aggiunse un cucchiaio di zucchero in più. Poi tagliò due larghe fette di pane scuro.

«Vittoria! Vittoria!» urlava Serse a squarciagola. Mamma Angiolina si fece sull'uscio e vide i suoi uomini arrivare in mezzo alla tribù del vicinato.

Papà Domenico si era tolto la giacca. In camicia e gilet aveva il cappello sulle ventitré, gli occhi lucidi dalla contentezza e per qualche bicchiere in più di barbera, bevuto alla salute del vincitore.

Livio con una mano teneva la Maino del fratello per il manubrio e con l'altra sventolava un enorme salame: il trofeo della vittoria. Fausto, trasportato dal gruppo, quasi sollevato da terra, coi ragazzini dietro che lo tiravano di qua e di là, la faccia scavata, la bocca appena piegata in un sorriso timido, gli occhi grandi un po' in fuori, vivaci ma sempre un po' tristi, come da bambino.

Quando furono soli nella grande cucina, Fausto si sedette e mise sul tavolo due fogli da dieci lire.

«Ma', sei contenta?».

Mamma Angiolina lo guardò e sorrise appena con gli occhi, scuotendo la testa.

«T'a saré bèla stracc!».

Poi scodellò la minestra col ramaiolo, tra il vapore che saliva dalle scodelle e le voci degli uomini a commentare la corsa.

Il Giro di Gavi: era qui che Fausto incrociava gli allievi di Cavanna. Una specie di circuito che partiva e ritornava a Gavi, col suo gran forte cinquecentesco là, in cima al borgo.

La strada passava attraverso paesini incollati sulle colline, scorreva su brevi tratti rettilinei costeggiando il torrente, risaliva per curve erte, senza respiro.

Era qui che Cavanna spediva i suoi ragazzi a farsi le gambe.

Su e giù, scatti su scatti, sgroppate furibonde per reggere alle sfide mai dichiarate, di quelle che si lanciano senza parere come per provare qualcosa solo a se stessi, ma che in realtà vogliono misurare la forza dell'amico, mettere in crisi il compagno, guardare la faccia che fa quando lo metti alla frusta.

Fu su queste strade che Fausto diventò la lepre di Bergoglio, un giovanotto gagliardo, della scuola di Cavanna.

«Via, vai regolare!» implorava quando Fausto schizzava via alla prima curva in salita e invano cercava di riacchiapparlo. A volte Fausto lo aspettava in cima quasi scusandosi. Una sera Bergoglio glielo disse: «Neh Fausto, gliel'ho detto sai al Cavanna, che non riesco più a tenerti la ruota!».

«E lui?».

«E lui mi ha detto: chi, quel magrone del Merlano? Digli che lo voglio vedere».

A Fausto il cuore batteva forte. Cavanna il mago del ciclismo, il massaggiatore di Girardengo e di Guerra, l'uomo dai mille segreti.

Lo ricordava sempre quando la sera dal Merlano, seduto su una cassa raccontava agli amici storie interminabili di corse, biciclette e grandi campioni. La sua voce bassa, che ogni tanto saliva di testa quasi stridendo.

Un omone massiccio, dalle grandi mani, ex pugile, un po' avventuriero, dicevano, brusco di modi, intelligente e scaltro, conoscitore di uomini. Sapeva tutto delle gambe di Binda e di Guerra, dello stile di Girardengo, della maniera di alimentarsi in corsa, del modo di allenarsi d'inverno, dei trucchi da usare in gara, di come guarire i tendini infiammati e curare le bronchiti. Sapeva tutto dei contratti e delle alleanze, conosceva gli amici e i nemici, al di là delle apparenze. Fiutava gli imbrogli, i tradimenti e i tranelli.

Del suo carattere si diceva che alternasse lunghi silenzi a collere improvvise e violente, e che fosse impossibile dargli torto. Sembrava che ogni sua parola arrivasse solo alla fine di un lungo ragionamento fatto in solitudine, già rifinito in tutti i dettagli; come se tutte le obiezioni possibili fossero già esaminate e risolte.

Così uscivano i giudizi senza appello, idee precise, decisioni assolute. Della sua scuola si diceva che era come un collegio. A Novi Ligure, nella sua grande casa povera e disadorna, teneva a pensione cinque, sei, a volte anche dieci ragazzi: vitto, alloggio e scuola di ciclismo, dura e severa. In cambio: olio, vino, fagioli e farina. Poi quando cominciavano le corse, la metà dei premi.

Le regole: poche ma chiare.

Primo: faceva scuola solo ai figli dei poveri, operai o contadini che fossero, e rifiutava gli impiegati e gli studenti.

«Bisogna saper soffrire» diceva «e i sacrifici li fa solo chi corre per vincere la miseria e guadagnarsi la pagnotta!». Secondo: l'obbedienza doveva essere assoluta.

«Dovete fare quello che dico io, e basta».

Così i suoi ragazzi erano sempre tra i primi.

A Castelletto d'Orba, Fausto vinse la sua prima corsa: per distacco. Era tornato a casa di sera, che il sole era già calato dietro i costoni di Castellania. Si era fatto anche la strada del ritorno tutta in bicicletta.

Altri trenta chilometri da aggiungere a quelli già macinati in corsa. Se li faceva anche questi a buona andatura come se avesse già dimenticato le tirate alla morte, gli scatti assassini, i crampi della fame, i brividi delle discese, la polvere dentro la gola secca. Chi tornava con lui: «Boia, vai regolare!» diceva per un po', poi lo lasciava andare scuotendo la testa. Erano i racconti di questi ritorni che fecero rizzare le orecchie di Biagio Cavanna.

Entrò sull'aia facendo strarnazzare qualche gallina e scese dalla bici. Le donne erano sedute davanti a casa a fare la maglia: la nonna, mamma Angiolina, la zia Albina.

Alzarono la testa verso di lui, posarono maglia e gomitolo sulla sedia e tornarono in casa. Livio e Serse sarebbero arrivati tra un po', con la Zagara, in calesse.

«Allora?» chiese la nonna.

«Ho vinto».

«Bravo».

«Dài, sgàgiat, ch'e l'acqua l'è càda...».

Mamma Angiolina staccò il paiolo dal fuoco e versò l'acqua bollente per il bagno, nella tinozza di rame dietro la cucina.

«Queste sono cinquecento lire» disse Fausto lentamente e appoggiò i cinque fogli rosa sul tavolo.

«E questa...».

La posò sul tavolo a fermare i soldi. Era una sveglia con la pendola di ottone su una statuetta di argento: un gobbetto che sorreggeva la sveglia sulle spalle.

«Ti porterà fortuna, questo gobbetto!» disse la zia Albina e pose la sveglia sulla mensola sopra il camino, dove rimase per anni.

Aveva detto che lo voleva vedere, ma quando Fausto varcò il portone del cortile di casa sua, Cavanna non poté vederlo. Da qualche mese era diventato cieco.

Una malattia e improvvisamente non ci vide più.

Era seduto fuori, lui grande e grosso com'era, su una di quelle seggioline basse che di solito usano le donne, appoggiato sul suo bastone bianco di cieco e gli occhiali scuri sul volto largo.

«Chi sei?».

«Sono Coppi».

«Ah, ti sei fatto vivo!».

Da dietro quegli occhiali neri Fausto si sentì guardato come mai era stato finora.

«Maria, fallo salire in camera. Ti voglio vedere subito. Mi hanno parlato di te. Lo sai, si può vedere anche così. Certe cose le vedi meglio. Dalla voce sento uno che tipo è».

Si alzò dalla sedia e muovendo il bastone di qua e di là per sentire gli ostacoli, entrò in cucina e iniziò a salire le scale, a tentoni. La moglie, una bella donna dai capelli grigi e il sorriso negli occhi, li precedeva.

Aprì la porta di camera. Fausto entrò di seguito al cieco. Una camera bianca, un letto con la testata di ferro scuro, una sedia di lato e un tavolo di legno davanti alla finestra.

«Dai su, spogliati e sdraiati sul letto».

Si spogliò un po' vergognoso, come se davvero il cieco lo vedesse in ogni parte del corpo.

«Anche la maglia?».

«Anche quella».

Si sdraiò sul letto, sulla coperta bianca di bucato.

Cavanna si sedette, appoggiò il bastone al comodino, gli mise la mano sinistra sotto l'incavo del ginocchio e gli alzò la gamba facendola piegare senza sforzo, mentre l'altra mano scivolava sul polpaccio rilassato a sentirgli i tendini e i legamenti fino giù alla caviglia sottile. Una mano grande, calda, leggera, dalle dita forti e nervose, sensibili come quelle di una donna. Gli palpò la coscia lunga e potente, poi lo fece sedere. Partì dalle reni su su, con le mani aperte, i pollici convergenti, lungo la colonna vertebrale, fino ai muscoli del collo. Tornò sui dorsali, qui indugiò a lungo e premette con forza.

«Dai, vestiti» gli disse brusco ma gentile.

«Se mi dai retta, sarai un campione».

«Allora... posso tornare?».

«Certo. Lunedì si comincia. Portami farina, fagioli, vino e salame, quello buono, del Merlano. Poi di quello che vinci si fa a metà».

VII

Dove si racconta che il Duce obbliga Gino a partecipare al Tour de France perché l'Italia deve vincere; della maglia gialla che lui conquista sul Galibier; della caduta nel torrente Colau; del ritiro che gli viene imposto dal Regime; e di quando l'anno dopo torna in Francia e vince il Tour.

Roveta è una verde collina sopra a Scandicci, famosa per l'acqua minerale e l'aranciata. In albergo erano già arrivati i corridori selezionati per il Tour. C'erano tutti i migliori: Vicini, Mollo, Bergamaschi detto Singapore, Camusso detto Camusot, e i toscani Bini, Bizzi, Bresci, Del Cancia e Cecchi. Mancava solo Valetti. Poi c'erano il massaggiatore Villa e i meccanici Bianchi e De Grandi detto Pinza d'oro o più semplicemente Pinza. Girardengo era il commissario tecnico.

Gino li trovò in giardino, sotto l'ombra profumata dei tigli.

Chi giocava a ping pong, chi a carte, chi leggeva il giornale, chi chiacchierava.

«Meglio tardi che mai!» lo salutò Girardengo.

«Oh che valigina ti sei portato?» gli disse il Bini.

«Tanto con voi ci starò poco».
«Come poco?».
«Al Tour non ci vengo, non sto bene».
«Ma che dici?».
«Dai non fare il bischero, con te questo Tour si vince!».
«Mi dispiace, ma ho paura per i polmoni. I medici me l'hanno sconsigliato».
«Non è detta l'ultima parola, eh Gino?».
Girardengo gli strizzò l'occhio, arguto e malizioso.
«C'è poco da sperare».
«Aspettiamo stasera, è meglio» ripeté il Gira con aria ambigua. Infatti in serata giunse in albergo il presidente dell'UVI, il generale Antonelli, in divisa da centurione della Milizia.
Tutto si decise prima di cena. Lo fece salire di sopra, insieme a Girardengo. Li aspettava nell'anticamera seduto in poltrona, le gambe accavallate dentro gli stivali neri lucidi a specchio.
«Accomodatevi». Li invitò a sedere sul divano di fronte a lui. Il Gira sornione e Gino diffidente, si sedettero in punta.
«Allora Bartali, è vero quello che dicono i giornali?».
«No che non è vero. Non è per i soldi, è per la salute».

«Non mi sembrate malato. Avete vinto anche il Giro d'Italia!».

«Sì, ma dopo il Giro ho avuto una ricaduta. I miei polmoni non vanno. Ecco i certificati medici».

Fece per consegnarglieli, ma il presidente non li guardò e chiese a Girardengo: «Voi che ne pensate?».

«Veramente Gino ha dei problemi. Non è al meglio della condizione».

«Che vuol dire?».

«Che è stato fermo per la bronchite e non si è allenato».

«Ma la squadra è buona?».

«Certo, tutti i migliori».

«Allora Bartali con il caldo guarirà presto e vincerà».

«Presidente voglio essere sincero, io non me la sento».

«Sentite Bartali, siete un campione e avete delle responsabilità verso la Patria».

«È perché ce l'ho la responsabilità, che non mi sento».

Il generale si alzò: «Caro Bartali, voi mancate di sensibilità patriottica! Non vi rendete conto assolutamente che l'Italia ha bisogno di vincere all'estero, specie in Francia e contro la Francia. Voi andrete e vincerete! È un ordine. Questa è la lettera del segretario del partito. Anche il Duce è d'accordo. Auguri a tutti».

Consegnò la lettera a Girardengo e strinse la mano a Bartali.

Il colloquio era finito. La sera stessa Gino tornò a casa a prendere una valigia più grande.

La prima volta a Parigi: rendere l'idea è quasi impossibile. La sera prima della partenza Camusso lo portò a spasso.

Elegante, gentile, sciolto di lingua, era già stato in Francia alle classiche del Nord e una volta al Tour.

Gli raccontò anche di quella volta che Girardengo passò tutta la notte in giro per i *tabarins* in cerca di Bini e Di Paco, che si erano dati alla bella vita.

Camusso aveva vinto il Giro d'Italia qualche anno prima giocando tutto in una tappa sola: quella con l'arrivo al Sestriere, quando fece da solo i colli alpini lasciandosi dietro tutti. Il secondo arrivò dopo un quarto d'ora. Fu il Giro dove per la prima volta comparve la maglia rosa: il simbolo del primato. Dopo quella sera Camusot lo seguì come un'ombra, fu il suo compagno di camera, il suo appoggio in corsa, il suo interprete e il suo insegnante di francese.

«Per noi piemontesi il francese è facile, assomiglia al nostro dialetto».

Gino ebbe molto da imparare. Conobbe Henry Desgrange, il direttore dell'*Équipe*, il quotidiano sportivo con le pagine gialle come la maglia del primo in classifica, il giornale più famoso di Francia; era un signore dalle tempie grigie e dal sorriso charmant. Provò l'inferno del Nord: paesini di minatori tra le colline nate dalle scorie del carbone, ai confini con il Belgio, e il terribile pavé: stradine strette lastricate di cubetti di pietra sconnessi, che tagliano le gomme come il burro, spezzano i polsi e rintronano il cervello.

Il pavé lo puoi evitare solo correndo in fila indiana sulla banchina di lato, una striscia di un metro appena di polvere nera che, quando piove, diventa una melma che si appiccica alle gomme come fosse mastice; è polvere di carbone fine come cipria, che ti arrossa gli occhi, ti entra nel naso, nella gola, ti penetra nei polmoni, nei pori della pelle. Per levartela di dosso la sera non ti basta il sapone e il bruschino.

Imparò che lì in Francia corrono come matti dal via fino all'arrivo, sempre all'arrembaggio, fughe e controfughe oltre i quaranta all'ora: tutti contro tutti.

Si arrostì la pelle al sole infuocato del Midi.

Respirò l'aria profumata delle Alpi.

Sul Galibier la pioggia gli frustò le gambe e la faccia, il vento gli freddò il collo e la schiena, gli intirizzì i piedi e le mani. Fu lassù oltre i duemila metri che prese il volo e fu solo nel silenzio della montagna, solo in testa alla corsa. Ai bordi della strada sterrata, senza paracarri, c'era ancora la neve.

In cima al passo, poche macchine ferme sul prato, gente infreddolita: calzoni alla zuava, giacconi di pelle, berretti all'inglese, occhiali da automobilista. Alcuni stavano in piedi sul tetto delle automobili. Erano i pionieri del Tour.

Discese a volo radente insieme a Camusso, che lo aveva raggiunto, poi Camusot forò una gomma e lui giunse solo a Grenoble.

Ci fu il giro d'onore in maglia gialla con il mazzo di fiori.

Era di lana grossa la maglia gialla e gli pizzicava un po', come quella che portava sulla pelle da ragazzo, d'inverno.

Il giorno dopo la carovana passava sulle strade alpine, verso Briançon.

Ancora su per tornanti infiniti, prati chiazzati di neve, e pascoli con le mucche al sole che ti guardano passare senza degnarti di uno sguardo. Poi giù per discese paurose, all'ombra delle rocce aguzze, sopra torrenti impetuosi, in fondo alle strette gole. Il Colau è uno di questi. L'acqua rimbalza schiumando tra i massi staccati giù dalle ripide pareti di roccia che li sovrastano.

La strada ci passa sopra, si strettisce poi curva improvvisa su un ponticello coi muretti di pietra.

Rossi, italiano di Francia, che guidava la fila, non ce la fece a curvare e si schiantò sul muretto. Quelli dietro di lui rovinarono nel mucchio.

Gino volò di sotto e si trovò sbattuto tra i sassi del torrente, dalla corrente vorticosa. Camusso lo vide, lasciò la bici sul ciglio della strada e lo tirò fuori dalle acque gelide. Lo aiutò un pezzo d'uomo dai muscoli d'acciaio, che lo sollevò come un bambino. Invano Gino tentò di mettersi in piedi: i ginocchi gli si piegavano, le anche gli davano delle fitte terribili. Eppure lo rimisero in sella.

Camusot lo sostenne, lo incoraggiò, lo spinse per quelle salite che non avevano mai fine, lo guidò per le discese mortali. Gino era tutto un tremito, diaccio fin dentro il midollo.

Lo portò così, pesto e sanguinante, fradicio, illividito dal freddo, fino a Briançon, ancora maglia gialla per poco più di un minuto.

La notte lo divorava la febbre e la tosse gli

bruciava il petto. Tre giorni e tre notti d'inferno. Pavesi vegliava la notte, mordendo la pipa.

Il belga Sylvère Maes gli prese la maglia gialla e Gino scese al sesto posto in classifica. C'era anche un premio di centomila lire per il corridore più sfortunato. Lui lo poteva incassare e andarsene a casa se voleva, ma il Tour arrivava sul mare, bordeggiò la Costa Azzurra e riposò a Marsiglia. Il caldo, la brezza e il profumo del mare gli fecero bene.

La notte finalmente poté respirare. C'erano ancora i Pirenei, il suo Tour poteva ricominciare.

La mattina del riposo Gino sentì bussare alla porta di camera: «Avanti, è aperto».

«Siete voi Bartali, nevvero?» gli chiese il tizio vestito di bianco, giacca doppiopetto e panama calato sugli occhi, entrando nella stanza.

«Ma lei chi è?».

«Ho l'ordine di riaccompagnarvi in Italia».

«Ordine di chi?».

«Del presidente. Questa è una lettera del generale Antonelli. Voi non potete vincere, dovete ritirarvi».

«Ma io ora sto meglio. Il peggio è passato, posso ancora vincere, ci sono i Pirenei».

«Mi dispiace, ma dovete obbedire».

«Ma lei scherza, io non mi ritiro!».

«Signor Bartali, mi dispiace. Il signor Girardengo è già avvertito, ha telefonato il ministro in persona. La vostra bicicletta è già partita per l'Italia, l'ho spedita personalmente per ferrovia, prima di venire qui».

«Voglio parlare con Girardengo».

«Lo faccio chiamare subito».

Entrò il Gira, non sapeva da che parte guardare. Si fece coraggio e guardò Gino, un attimo solo, poi abbassò gli occhi.

Non ci fu bisogno di dire niente. Quando la mattina dopo salutò monsieur Desgrange, Gino pianse di rabbia.

Quella mattina il Tour ripartiva senza di lui.

«Bartali, lei è un campione che fa onore al Tour de France l'anno prossimo ritornerà e vincerà».

Un anno preciso e il sole dell'Izoard gli cuoceva il cervello. Il belga Clemens e Vicini li aveva lasciati fin dai primi tornanti. Solo, nel cuore di pietra della montagna rovente. Più lontano la Citroën di Desgrange e Goddet.

L'ansimare del motore e il sibilo del vapore nei radiatori rompevano il silenzio antico dell'inviolato Izoard.

Saliva tra spuntoni di roccia nuda e sparsi abeti stenti, tra ombre sempre più corte. Di lassù sembrava più piccolo, tutto ossa e muscoli sotto la pelle nera, il naso giottesco cotto dal sole pulito dei Pirenei e della canicola della pianura infuocata. Andava su a scatti successivi in progressione potente e instancabile. Si versava sulla testa l'acqua della borraccia, che gli colava bruciando sulla maglia azzurra fradicia di sudore. Era questo il giorno della resa dei conti.

Non erano bastati i Pirenei che aveva scalato sempre in testa. Prima l'Aubisque, appena la strada si stacca dalla valle e s'innalza ripida dietro il cono del Pic du Midi de Bigorre, poi i ciottoli dell'Aspin, che gli avevano spaccato un paio di tubolari.

Andava su tra il verde sbiadito dei prati, i muretti a secco, i ciuffi di erba gialla, macchiati dai rossi papaveri. E infine la gobba interminabile del Tourmalet: venti chilometri verso le nuvole, dove il cielo diventa più azzurro, dietro ai *motards*, i motociclisti, che precedono il primo corridore.

Tanta gente sulla cima, partita all'alba prima che la *gendarmerie* chiuda la strada, coi binocoli che inquadrano quel puntino azzurro che si dondola sui pedali, sul nastro bianco che si srotola su per la montagna, e sembra che gli altri più sotto stiano quasi fermi.

A Briançon il belga Clemens arrivò dopo diciassette minuti.

Bartali vestì la maglia gialla; era di lana più leggera e soffice, la portò fino al Parco dei Principi. Il Duce gli mandò un telegramma.

VIII

Dove si racconta di Fausto che per la prima volta al Giro della Toscana corre con Gino, ma lui non se ne accorge; di Fausto che cade, rompe una ruota e si ritira; e di quando al Giro del Piemonte Fausto va in fuga, Gino lo insegue, vince e al traguardo gli dice: «Bravo, hai corso bene!».

Dalla stazione Fausto raggiunse i lungarni, costeggiò il fiume, gonfio di acqua gialla e veloce. Le chiome alberate delle Cascine si avvicinavano via via, finché entrò nella luce verde dei viali e respirò il profumo dei tigli.

La punzonatura era al piazzale del Re. Se ne accorse dalle maglie multicolori dei corridori, dal luccichio delle ruote e dei manubri, dalle ammiraglie che arrivano una dopo l'altra: l'Augusta della Bianchi, l'Aurelia della Benotto, la Fiat 1100 della Maino...

Gli applicarono il punzone metallico alla canna del telaio e Fausto firmò il registro. Ora quella bicicletta non poteva essere cambiata, pena la squalifica.

Certo non era cosa da lui, che aveva penato tanto per rimetterne insieme una.

I campioni li riconosceva tutti: Gepin Olmo, leader dei biancocelesti, il rosso Mario Vicini, il bel Raffaele Di Paco, Olimpio Bizzi il Morino, il pratese Aldo Bini, il piccolo Ezio Cecchi detto Cecchino, l'astuto Cino Cinelli e infine il vincitore del Giro d'Italia: Giovanni Valetti, dal portamento nobile come un hidalgo spagnolo.

Il movimento della gente intorno a una grande auto scoperta, annunciò che arrivava lui: Bartali, il campione dei fiorentini.

«Dai Gino!».

«Forza Gino!».

Sorrideva ai tifosi, seduto sul Norge accanto a un signore alto con gli occhiali e la pipa tra i denti, proprio come gli aveva descritto il Cavanna. Doveva essere il Pavesi; il capo della Legnano. Bartali scese dall'auto e portò la bici al banco della punzonatura. Aveva il berrettino bianco proprio come nella foto che Fausto aveva attaccato alla parete della sua camera quando era ragazzo. E quel sorriso; il sorriso del vincitore.

Quando il podestà di Firenze, in camicia nera, alzò la mano destra per il saluto al Duce, «A noi!» risposero i corridori tutti insieme, allora lui alzò la bandierina e poi l'abbassò.

Era il segnale della partenza, il plotone si mosse lentamente oscillando.

La Toscana è terra di colline: dolci per chi le guarda, dure per chi ci corre sopra. Poggio e buca, fa pari, si dice.

Le curve sono secche e repentine, basta uno scatto e li perdi subito di vista.

Distrarsi un attimo può voler dire perdere la fuga buona e non rientrare più.

Cavanna glielo aveva detto e ribadito: «Bartali non lo devi lasciare un minuto».

E lui fin dal primo chilometro gli stava appiccicato alle costole. Sulla prima salita erano un centinaio, una cinquantina alla seconda, sulla terza una trentina. Bartali sempre davanti coi primi e lui attaccato alla ruota. Di gregari verdeoliva ne aveva intorno sempre tre o quattro. De Benedetti si era già perso e lui l'aveva salutato con un cenno del capo mentre lo superava. Bartali comandava i suoi come un generale. La borraccia, ed ecco la borraccia, la banana ed ecco la banana, «Vai in testa» diceva e quello andava in testa.

Passavano veloci tra gli olivi e i filari delle viti, quando ci fu un urlo, uno stridor di freni e tutti i Legnano si fermarono intorno a Bartali appiedato. Aveva forato. Uno dei gregari sfilò la sua ruota e la passò al capitano.

I Bianchi se la dettero a gambe fino a tirarsi il collo, la testa rossa di Vicini al vento e dietro il polverone. Fausto si trovò a metà strada, sbalordito dall'azione così repentina, poi si attaccò ai Legnano che in pochi chilometri rinvennero sui primi.

La strada salì ancora verso l'Impruneta, tra pini e cipressi. Rimasero una ventina e lui sempre lì sulla scia di Bartali.

Finito il pane e salame, aveva bevuto un po' d'acqua e si sentiva bene. All'improvviso si trovò uno della Bianchi giù, steso sulla strada. Fausto gli andò addosso e quelli dietro, uno sopra l'altro, le ruote per aria, i manubri incastrati, in un intreccio di gambe e di braccia.

Tra urla, imprecazioni e lamenti ripartirono quasi tutti, pesti, acciaccati e sanguinanti. Ma Fausto si accorse subito che la ruota davanti era piegata completamente. Gli sforzi per raddrizzarla furono vani. I raggi erano spezzati e il cerchione ridotto a una schiacciatina. Invano alzò la mano impugnando la ruota scassata. Invano implorò una ruota di scorta alle macchine delle Case che passavano di gran carriera. Ognuno guardava davanti in cerca dei suoi.

A lui restarono solo gli occhi per piangere. Lo imbarcò il furgoncino dei corridori ritirati, "la ramazza" che chiudeva la corsa. Ci trovò anche il De Benedetti che lo salutò sorridendo.

«Che hai fatto?».

Lui indicò la ruota e non aprì bocca per tutta la strada.

L'autista della ramazza guidava disinvolto con il gomito appoggiato sul finestrino aperto, abbordando le ultime curve prima di Firenze.

«Gino sei grande!» urlava come un matto. La notizia aveva percorso a ritroso la carovana.

Bartali li aveva staccati sul Chiesanova ed era arrivato solo alle Cascine. Quando ci arrivarono loro, la gente se ne andava alla spicciolata. Si avviarono verso la stazione, ritirarono le valigie al bagagliaio e consegnarono le biciclette che avrebbero viaggiato a parte. Il treno stette fermo al binario, finché dentro lo scompartimento si abbuiò.

Il suo compagno fu il primo ad addormentarsi. Fausto appoggiò la testa alla panca di legno lucido e stese le gambe tra quelle di lui. Il treno fischiò e lentamente si mosse sbuffando. Tornava a casa, sconosciuto come era partito. Aveva rotto una bicicletta e finito tutti i soldi di Livio. Le ultime trenta lire le aveva lasciate a Firenze. Poi il sonno ebbe compassione di lui.

A Cavanna gli ci vollero quasi due mesi per convincerlo a tentare di nuovo, tra la sua gente, in terra di Piemonte.

«Dai Fausto, con queste vai dove vuoi» gli

diceva, mentre finiva di massaggiargli le gambe nervose. Fausto scuoteva la testa, come sempre, quando non era convinto.

«Ohé, guarda che Bartali ti ha battuto solo perché sei caduto. Sei sempre stato tra i primi e stavi ancora bene. Te stat sul scalugnà, et capì? Al giro del Piemonte glielo fai vedere tu chi è Coppi. Domani scrivo al Pavesi e gli dico che ti tenga d'occhio. Devi andare via solo quando senti che è il momento buono. Non sei convinto neh? Con tutti quei chilometri che ci sono in queste gambe, dopo i duecento vai via quando vuoi».

Fausto lo guardò con un mezzo sorriso garbato e incredulo. Il cieco lo vide.

«Ridi pure, che ho ragione io. Il Cavanna ne ha viste di tutte. Tu il Bartali lo stacchi».

Anche questa volta funzionò come sempre. Piano piano il cieco spianava la strada alla speranza e teneva acceso quel fuoco che in lui covava tra il cuore e il cervello.

Il calore delle sue mani grandi, la cadenza della sua voce ora sommessa e insinuante, ora conciliata e sferzante.

Non sapeva mai come, ma alla fine faceva sempre quello che diceva lui.

Così la mattina della partenza da Torino, Fausto si presentò dal Pavesi.

«Sono Coppi. Di me le ha scritto Cavanna».

«Ah, sei tu?». Lo sguardo di sbieco, da dietro gli occhiali. «Allora oggi fatti vedere».

Anche stavolta, come a Firenze, c'erano tutti i migliori. Fu subito bagarre.

«Stai dietro a Bartali, non lo mollare mai, neanche quando va a pisciare!» gli aveva detto Cavanna. E così fece.

Anche qui i Bianchi contro i Legnano, come sempre.

Leoni e Bizzi a tirare come locomotive. Valetti e Vicini pronti a staccare il volo appena la strada s'ingobbiva.

I gregari a fare la guardia in testa al gruppo, perché a nessuno venisse in mente di scappare. Spietati e incarogniti, specie con i pivelli che li costringevano a rincorse mozzafiato. A metà strada Fausto si provò.

«Ma dove va quello!».

«Ora lo sistemo io!».

Dalla rabbia gli avrebbero dato sulla schiena con la pompa. Lui non insistette e si prese anche gli sberleffi di rito. Poi gli si avvicinò De Benedetti, sgusciando tra le motociclette dei *suiveurs*.

«Fausto, il Pavesi ha detto di andare via sul Moriondo».

Il Moriondo era una salita piuttosto arcigna, con due o tre strappi maligni. Fausto capì che era il suo momento, guardò Bartali, che pedalava sicuro davanti a lui, e lo superò. Poi da dietro, spostandosi a filo del fossetto, su un saliscendi partì come una fucilata, fuori dalla portata degli sbirri che facevano la guardia davanti.

«Ouh, diaul, dove scappi?» gli urlarono, ansimandogli dietro. Lui si voltò solo dopo averci dato dentro fino allo spasimo e li vide lontano che ondeggiavano in cima al gruppo. Le ruote e i manubri che brillavano al sole.

«Ma chi è quello lì?».

Sentiva le voci che percorrevano la testa della corsa e passavano sui bordi della strada. Cercavano di dare un volto e un nome a quel ragazzo dalle gambe lunghe e dal naso "pinocchiesco".

«È un certo Coppi, di Tortona».

Ma lui ci dava dentro e basta. La paura si era sciolta al sole e aveva lasciato il posto a una disperata volontà di non mollare. Era solo in testa, i campioni tutti dietro.

Così attaccò il Moriondo con il 50x14 della pianura.

Si alzò sui pedali solo alle prime curve, poi si distese sul sellino e andò su in progressione. A metà salita vide agitarsi la gente ai bordi della strada e sentì dietro qualcuno che si avvicinava. Era Bartali. Veniva su a grandi falcate, quasi strattonando la bicicletta, lo sguardo deciso sotto la visiera del suo berretto bianco, gli occhialoni rialzati. Gli arrivò a fianco e sentì il suo respiro, forte e calmo.

«Dai, che si tira un po' per uno».

Fausto annuì con un cenno della testa e si mise alla sua ruota.

La strada ora si impennava, Bartali cambiò: la catena saltò sul rocchetto più grande senza problemi, come tutto quello che faceva lui. Anche Fausto tentò di cambiare ma s'inchiodò e cadde sul ghiaino. Si rialzò sanguinante al gomito e al ginocchio e disperatamente riprese a inseguire, strappandosi le cosce con quel rapportone da pianura.

Il Moriondo gli sembrò un muro che non finiva mai e Bartali un incubo che gli ballonzolava davanti. La discesa fu una liberazione, ma solo all'inizio. Poi fu un volo senza respiro. La tensione tutta sui polsi, sulle mani, sul collo. E il brivido del pericolo su ogni curva, sfiorando il ciglio con i pedali slacciati.

Quando furono sul piano e Bartali rallentò, capì che c'era qualcosa. Infatti arrivarono Bizzi e Del Cancia.

Bartali aveva deciso di aspettarli per non rischiare una fuga troppo lunga.

C'era la Rezza, l'ultima salita che avrebbe deciso la corsa. Il rapportone gli stroncò le gambe e gli mozzò il respiro. Il cervello gli si annebbiò. Se li vide andare via. Prima Bartali, poi Del Cancia e Bizzi.

E lui dietro tirandosi su a forza di braccia, su quei pedali che non si schiodavano nemmeno a morire. Andò avanti piangendo e la discesa lo accolse ancora una volta con la sua insidiosa malia. Essa lo affascinava tirandolo giù a velocità vertiginosa, illudendolo di non soffrire.

Invece di fronte al pericolo improvviso, che gli appariva dietro ogni curva, doveva costringere il cervello intorpidito dalla fatica a comandare i riflessi sull'orlo dei secondi. Evitare il sasso, la buca improvvisa, calcolare d'anticipo la pendenza delle curve, dosare il colpo di freni, accelerare in uscita.

Solo in pianura, tra le lunghe file di pioppi ombrosi, uscì dall'incubo e si distese nella sua pedalata ampia, dalla cadenza ritmica.

Trovò Bizzi appiedato da una foratura e proseguì sa solo.

A Torino Bartali fu primo e Del Cancia secondo. Terzo fu un certo Coppi di Castellania, dissero i giornalisti al traguardo. Fu Cavanna che lo aiutò a scendere di bicicletta e gli parlò all'orecchio, piano, come a un bambino.

Bartali posò i fiori sul sellino e lo guardò.

«Bravo» gli disse «hai corso bene».

IX

Dove si racconta del Giro d'Italia del 1940, della recluta Fausto Coppi che corre per la Legnano e di Gino Bartali che è il suo capitano; di Gino che cade sulla Scoffera perché un cane gli attraversa la strada; e di quando Fausto va in fuga sull'Abetone e indossa la maglia rosa.

«Porca miseriaccia cane!».

Un'occhiata a Bartali che, piede a terra, continuava a imprecare contro la bicicletta che l'aveva tradito, poi si guardarono negli occhi e schizzarono via. D'un colpo i nemici erano diventati alleati. In mezzo a loro si infilò Coppi Fausto da Castellania, recluta in licenza, matricola 7375: un Legnano di Bartali partito da Milano con il compito di aiutare il capitano e scaraventato dal destino in cima alla classifica di questo Giro d'Italia, il ventottesimo della serie. Un Giro strano, tutto diverso dagli altri: senza belgi, né francesi. Solo qualche svizzero, perché la Svizzera era neutrale, in questa guerra già cominciata l'anno prima. I panzer tedeschi avevano invaso la Polonia, poi l'Olanda, il Belgio e la Francia. L'Italia stava per entrare in guerra da un momento all'altro; chissà se avrebbero finito il Giro.

Intanto pioveva fitto fino dalla partenza da Firenze. Raffiche di vento piegavano gli abeti, l'acqua entrava nelle ossa, inzuppava maglie, calzoncini, calzini, intirizziva mani, piedi, nasi e orecchie. Su Bartali piombò subito il Norge di Pavesi.

Saltò giù Ugo Bianchi, il meccanico. Un paio di martellate sul cacciavite e la calotta del movimento centrale fu ribadita a forza. Ora i pedali giravano bene, ma si erano persi più di cinque minuti. Gino, indiavolato, saltò sulla bici scuotendola con pedalate rabbiose.

Per lui questo era proprio un Giro scalognato. Ancora gli doleva il ginocchio per via della caduta di pochi giorni prima sulla discesa della Scoffera. Un cane gli aveva attraversato la strada mentre veniva giù a rotta di collo. Aveva salvato la pelle per un miracolo. Così nelle tappe successive aveva accumulato quasi mezz'ora di ritardo da Mollo, la piccola maglia rosa, che ora si trovava nel gruppetto davanti. Molti della Legnano erano rimasti vittime di varie disgrazie e si erano ritirati. Ma Pavesi, l'*avucatt*, aveva deciso di giocare tutto su quel ragazzo allampanato e taciturno: il Coppi di Castellania, allievo di Cavanna, che era terzo in classifica generale a pochi minuti.

Lo conoscevano appena, questo Coppi. Era

andato in fuga, l'anno prima, al Giro del Piemonte; e Bartali lo aveva ripreso solo perché gli si era bloccato il cambio e l'ultima salita gli aveva impiombato le gambe.

Quel furbone di Pavesi l'aveva, d'accordo con Cavanna, rubato a Girardengo, la faina.

«Questo qui ti sarà di aiuto» gli aveva detto l'*avucatt* alla partenza da Milano. Ma Gino aveva uno strano presentimento. Quello lì non era fatto per obbedire.

La conferma l'ebbe la sera avanti. Stavano tutti insieme nel cortile dell'albergo a sistemare i rocchetti del cambio per la tappa del giorno dopo.

«Allora Gino, che rapporti si mette?» chiese Bianchi.

Era così che si faceva sempre, perché in caso di guai, Bartali poteva disporre subito della bicicletta di un compagno qualunque con i rapporti, uguali ai suoi.

«No, a me metti quelli che voglio io» disse calmo quello spilungone. Nessuno fino ad allora aveva mai osato tanto.

Gino rimuginava questi pensieri mentre pestava dentro i pedali.

I primi erano ormai lontani.

Anche l'ammiraglia l'aveva lasciato per andare sui primi. Glielo avrebbe fatto vedere lui quello che era capace di fare, quando gli montava la rabbia. Li avrebbe ripresi tutti, di sicuro.

La strada era lunga e c'era ancora l'Abetone da salire.

Quelli davanti scendevano l'Oppio. I tubolari strisciavano schizzando sull'asfalto viscido.

Fausto si era attaccato alla ruota di Mollo, il piccolo campione dell'Olympia che difendeva la sua maglia rosa.

Sparuti gruppetti di tifosi, raccolti sotto gli ombrelli, li incitavano appena li vedevano apparire sui tornanti di sotto, i primi tornanti dell'Abetone.

Fu allora che il Cecchino saltò via come uno scoiattolo e mise le ali ai piedi. Ezio Cecchi, il piccolo scalatore di Monsummano faceva sempre così quando la strada saliva. Fausto aspettò il Pavesi che lo seguiva ritto sulla grande automobile dai parafanghi larghi come le orecchie di un elefante, la pipa serrata tra i denti, il berretto gocciolante sugli occhiali appannati.

«Se te spètet? Va e ciàpel!».

Si alzò sulle lunghe gambe, i muscoli delle cosce gli si gonfiarono sotto lo sforzo, i tendini si tesero come corde di violino.

Uno, due, tre scatti lunghi, senza respiro. Poi si girò. Era solo.

Lampi e tuoni scuotevano la vallata. Il Cecchi era davanti, ogni tanto lo vedeva quando i tornanti si sdipanavano uno sull'altro, allo scoperto.

L'avrebbe riagganciato in cima, oppure lungo la discesa. Ma Bartali, dov'era?

«Vai, quegli altri sono a più di un minuto».

«E Bartali?».

«Sarà a quattro minuti...».

Fausto si allungò sul sellino arrotondando la pedalata.

Dava l'impressione di salire senza sforzo: le spalle ferme, le braccia piegate ad angolo retto.

Arrivato sul passo la grandine gli picchiava sulla faccia e gli sferzava le gambe. Nella discesa andò giù sfiorando i piolini delle curve, finché raggiunse il piccolo Cecchi. Gli stette dietro fino a Pievepelago, poi su un falsopiano lo lasciò senza nemmeno girarsi. Era in testa alla corsa e mancavano quasi cento chilometri.

Così attaccò l'ultima salita: il Barigazzo.

Gino intanto risaliva smoccolando dalle retrovie, risucchiando uno a uno tutti gli avversari. Aveva il diavolo in corpo e macinava i chilometri con la sua pedalata potente, a scatti violenti, in rapida successione, spesso danzando sui pedali.

In cima all'Abetone i quattro minuti erano

diventati tre. Un altro minuto l'aveva rosicchiato nella discesa, divorata senza sbagliare una curva.

Sul Barigazzo aveva ripreso Mollo, Bizzi e i due svizzeri Diggelman e Didier. Il ritardo su Coppi era di appena un minuto e mancavano ancora cinquanta chilometri a Modena. Quel ragazzo l'avrebbe imparato subito chi era Bartali. Ma in cima trovò il Pavesi che dall'ammiraglia lo investì gridandogli: «Ma cos'è che fai, disgrassià, te li vuoi portare tutti dietro? Il Coppi deve prender la maglia. Te capì?».

Gino bofonchiò qualcosa tra i denti e si mise dietro agli altri senza più tirare un metro.

L'*avucatt* aveva ragione. Riprendere Coppi era solo un atto di inutile orgoglio. Con quel ritardo in classifica, lui era ormai tagliato fuori. L'unico della Legnano che poteva farcela era quello lì. Se lo immaginava che sarebbe finita così. Ora non restava altro che fare la parte del capitano generoso. Fausto si girò verso l'ammiraglia che l'aveva ripreso e chiese ancora una volta: «E Bartali?».

«Vai tranquillo, Gino è dietro con gli altri, ma non tira. E ti pedala, pedala, che te ciàpet la maglia rosa!».

Fausto incassava la testa dentro le spalle e muoveva le sue leve possenti come stantuffi di una locomotiva. Gli sfilavano una dietro l'altra le case, le chiesette di paese, i pioppi della Bassa, su quei viali diritti, che pare non finiscano mai.

Entrò nello stadio di Modena e la folla applaudì. Si pulì il viso dal fango, si aggiustò il cappellino e tagliò il traguardo.

Cavanna era lì ad aspettarlo, lo cercò con le mani e lo strinse a sé, fradicio mezzo.

«Visto che ce l'hai fatta, neh?».

Gli altri arrivarono a più di tre minuti e Bizzi li batté in volata.

Gino scese ingrugnito, sporco di fango, gli andò incontro e gli strinse la mano.

Fausto indossò la maglia rosa con il fascio littorio in mezzo al petto e agitò il mazzo di fiori. Era bagnato, come tutto era bagnato quel giorno.

Continuava a piovere ancora.

Li regalò a Cavanna quei fiori e il cieco poté piangere tranquillo.

Le sue lacrime si mescolarono alla pioggia e nessuno le vide. Tanti applausi andarono a Gino.

Ma quel giorno lui seppe chi era il suo grande ed eterno rivale, quello che senza saperlo aspettava da sempre.

X

Dove si racconta della crisi di Fausto sulle Dolomiti; di Gino che l'aiuta e poi si arrabbia con lui; dell'arrivo all'Arena di Milano con Fausto maglia rosa; e di quando l'Italia entra in guerra.

Quando Vicini strappò la fila sui primi tornanti, Gino lo andò a prendere. Fausto, maglia rosa, si alzò d'istinto sui pedali, ma li sentì pesanti come macigni. Quel mezzo pollo che aveva ingozzato alla partenza, gli pesava sullo stomaco come un mattone. Recuperò in discesa e al passo della Morte era di nuovo sui primi. Ma forse fu proprio la discesa, che gli freddò il sudore addosso, a fargli di peggio. Quando la strada principiò di nuovo a salire, ogni metro gli sembrò un chilometro. Su quella strada bianca di polvere nell'aria trasparente di sole, li sentiva: prima, ansimare con il fiatone, poi lo scricchiolio delle gomme sul pietrisco, e, con la coda dell'occhio, le sagome che gli si affiancavano ciondolando sui pedali, con gli occhi vuoti della fatica. Gli passavano davanti così, uno dopo l'altro: Vicini, Bizzi, Cecchi, Mollo... Non tentava ormai neppure di riprenderli.

L'unica soluzione era il rapporto più agile, e andare su regolare. Così li vedeva sculettare davanti per un po', sul tornante di sopra restavano alla vista solo le spalle e la testa, finché non scomparivano del tutto. Da dietro arrivò anche Bartali con Volpi e Ronconi. Videro la maglia rosa che sbandava da un lato all'altro della strada, come un ubriaco.

«Fausto!» gli urlò Gino «che hai?».

Ma lui non ce la faceva neppure a rispondere. Lo guardò senza vederlo, forse lo intravide appena tra la nebbia che gli avvolgeva il cervello. Anche la sua voce gli sembrava lontana.

«Dio bono, che ti piglia? Dai, viemmi dietro».

Rallentò, cambiò rapporto e avviò a pedalare piano.

Ma quello non ce la faceva proprio. Girandosi indietro Gino lo vide quasi inchiodato sui pedali e intuì che voleva scendere di bicicletta. Lo fermò con un grido: «O grullo che fai! Forza, pedala Dio bono! Pedala!».

«È finita» rantolò Fausto.

«Ma che finita, bischero! Tu hai la maglia. Se la perdi oggi, domani si ripiglia! Dai, che ti piglio l'acqua».

Si fermò a una fontana, riempì la borraccia e gli fu di nuovo accanto. Ma Fausto ciondolava come uno straccio e non reagiva più. Gino allora gli partì davanti e sparì dietro una curva. Fausto pensò che era finita davvero. Ora sarebbe sceso di sicuro da quella maledetta bicicletta.

Ma dopo quel tornante, proprio dove si era accumulata la neve portata dal vento, Gino lo aspettava in piedi, la bicicletta per terra. Lo affiancò sorreggendolo con una mano dietro la sella e con l'altra, con tutta la forza che aveva, gli strofinò una manciata di neve dietro il collo. Fu come una frustata. Dopo il freddo che gli tagliò la pelle, arrivò il calore giù dal collo fino alla schiena. Gli occhi gli si snebbiarono, le gambe ricominciarono a girare. Mancavano pochi chilometri al passo della Mauria.

Gino si mise davanti a fare l'andatura e lui gli dette il cambio. Quando vide il piccolo Mollo davanti capì che era fatta. Gli si avvicinarono e poi lo staccarono.

Ora sentiva il sangue pulsargli nelle vene e le gambe rispondere al cervello. Ne ripresero tanti fino in cima alla Mauria e poi ancora giù per la discesa.

A Pieve di Cadore, Fausto era ancora maglia rosa.

Quella sera i pochi Legnano rimasti intorno al Pavesi parlottavano tra loro a bassa voce. Il pericolo era passato, ma sui volti restava un'aria tesa. Silenzi lunghi, interrotti dal tintinnio delle posate sui piatti e dal gorgoglio dell'acqua versata nei bicchieri. Fausto sedeva di fronte a Gino, gli occhi bassi sul piatto, le guance scavate. Girò il lungo naso malinconico verso Ronconi, che gli stava di fianco.

«Certo se tutti i gregari fossero come te, il Giro non si vincerebbe mai».

Ronconi era un romagnolo buono come il pane, tutto casa e chiesa, con un fratello prete che lo seguiva spesso, facendo il tifo per lui.

Guardò Fausto tra l'incredulo e il dispiaciuto, e tacque. Gino scattò: «O che ti piglia ora? Dai anche la colpa agli altri e pensare che tutti si lavora per te! Ho capito, te hai bisogno di una bella lezione. Domani sul Falzarego ti stacco!».

«Ma Gino, io non volevo...».

«Basta, sei un ingrato, e poi con Ronconi non è giusto! Ci si vede domani».

La mattina dopo alla partenza, Gino non lo salutò. Si girò dall'altra parte e fece finta di non vederlo. Pavesi li guardò, sogghignando sotto la pipa.

Sapeva quello che avrebbe fatto. La sera prima era stato in cima al Falzarego fino alla casa delle guardie di finanza e gli aveva chiesto un favore, che consegnassero ai primi due corridori un termos di caffè caldo ciascuno.

«Ma lo sa già chi sono?».

«Certo che lo so».

E non si sbagliò il vecchio Pavesi. Sul Falzarego recluta e capitano passarono insieme. Gino, come promesso, l'aveva staccato, ma Fausto lo aveva raggiunto.

Anche questa volta ne aveva fatto le spese il povero Cecchino, che come sempre dava il la all'orchestra, ma poi trovava chi la musica la suonava davvero. In discesa forò prima Fausto e poi Gino. Quindi attaccarono il Pordoi. Trentatré tornanti, su, fino a duemilacentotrenta metri.

Gino saliva a strattoni violenti tirando il 50x20.

Fausto soffriva in silenzio e già il suo 50x22 gli sembrava troppo duro. Qualche tornante più su, provò a chiedergli: «Gino, lo puoi mettere il 22?».

Ma lui per tutta risposta aumentò il ritmo delle pedalate.

«Ora ti stacco e poi ti aspetto».

E così fece, andandogli via sotto il naso a qualche chilometro dalla vetta. Glielo aveva promesso la sera prima, che gliela avrebbe fatta pagare. Ma chi credeva di essere quel pivello?

Per tutta la discesa del Pordoi Gino stette in

testa. In fondo alla discesa c'è un bivio e qui sbagliò. Invece di continuare a diritto verso il Sella, svoltò a sinistra per la val Gardena. Fausto, che non lo vedeva più, andò a diritto, pensando che fosse avanti.

Gino che era tornato indietro, lo vide che scattava e a Pavesi che lo seguiva sull'ammiraglia gridò incazzato: «Se quello lì va via, domani sulle Palade gliela faccio pagare!».

L'*avucatt* fece portare il Norge sotto a Fausto che intanto ci dava dentro, inseguendo, così credeva, Gino.

«Uè, ma dove te voeuret andà? Frena, che Bartali deve vincere la tappa! Te capì?».

Fausto rallentò e Gino si avventò su di lui.

«T'ho visto sai. Te tu sei scattato!».

«No Gino, credevo che tu fossi davanti!».

«E tu m'hai visto sbagliare strada. Tu m'hai visto. Stai attento ragazzo, che se m'incazzo, il Giro non lo vinci di sicuro, e domani sulle Palade ti do il resto».

Così quei due salivano il Sella facendo il vuoto. L'aquila e l'aquilotto, avrebbero scritto l'indomani sulla *Gazzetta dello Sport*.

La tappa la vinse Bartali e il Giro Coppi. Tre giorni dopo, all'Arena di Milano, tutti li aspettavano.

Arrivarono in gruppo e Leoni vinse la volata con un guizzo superbo. In mezzo alla folla l'aspettavano Cavanna, Livio, Serse e papà Domenico. Ma Fausto non c'era. Arrivò dopo circa un minuto da solo, il viso nero di morchia.

Gli era saltata la catena proprio all'entrata dell'Arena. Così gli applausi furono tutti per lui: gli abbracci e i fiori. Era il nove giugno.

Il dieci l'Italia entrò in guerra.

XI

Dove si racconta di Fausto che parte soldato e va alla guerra in Africa; delle buche nel deserto del Mareth e del ghibli; e di quando i soldati inglesi del generale Montgomery lo fanno prigioniero.

La sua Legnano, che salutò con uno sguardo triste, Fausto la lasciò in consegna a Serse. Non sapeva se li avrebbe più rivisti: bicicletta e fratello. Ora solo una nausea tremenda. Lo stomaco gli andava via, dietro il rollio della nave sull'onda del mare, quel mare azzurro intenso increspato dal maestrale sotto il cielo di quella primavera; le Eolie nitide all'orizzonte.

«Guagliò, come ti chiami?» gli chiese il suo compagno di branda nella penombra scura della baracca dove erano alloggiati aspettando il mattino. Fausto non rispose, fingendo di dormire. Di parlare non ne aveva proprio voglia. Ancora lo stomaco che gli si rovesciava e i suoi pensieri.

Pensare era possibile solo quando le cimici e i pidocchi lo lasciavano in pace. Era tutto un grattarsi. Neppure si erano spogliati, si erano tolti gli scarponi e basta.

Sonni brevi a intervalli sempre più fitti. Nel dormiveglia ossessivo il suono di un campanello elettrico acuto e penetrante... La campana del Vigorelli, quella maledetta campana che alla fine di ogni giro di pista gli entrava nel cervello. Girava, girava, girava intorno da quasi un'ora e tenere il ritmo era sempre più duro. Quasi sfiorava i sacchetti di sabbia all'interno delle curve rialzate. Il parquet di legno gli scivolava via di sotto le ruote, liscio come un biliardo, monotono e ossessivo. Spilli nelle gambe, spade roventi infilate all'apice dei polmoni e le urla strozzate del cieco Cavanna: «Fausto, sei sotto di dieci metri! Reagisci!».

Il cartello sulla linea del traguardo segnava ancora venti giri da fare e la maledetta campana suonava prima che lui arrivasse alla linea. Il tempo di Archambaud era il nemico da battere, materializzato in quel suono ossessivo della campana. Lui doveva arrivare prima, in tutti i modi doveva arrivare prima. Ecco, ora suonava insieme a lui. Ora la sentiva di nuovo ma lui era già passato.

Doveva resistere. Soltanto dieci giri alla fine... mi sembra di risentirla... no... eccola ora... sono ancora avanti io. Il cuore dentro la gola, nebbia rossa sugli occhi, voci lontane, lui dentro la campana, ogni suono una scossa elettrica che lo attraversa tutto. Ma lui è primo. Sente urlare intorno a sé.

«È finita, non lo farò più, credevo di morire...».

E continua a girare ancora, a fermarsi non ce la fa.

Continua a girare, girare, girare... così tutta la notte.

Seduto, inghiottiva saliva. La testa sotto l'elmetto incassata dentro le spalle curve, le mani serrate intorno al fucile, che gli faceva da appoggio. Ogni tanto gli si apriva una botola in fondo allo stomaco e restava senza fiato: l'effetto dei vuoti d'aria. Nel ventre scuro dell'aereo che li portava dalla Sicilia a Tunisi, stavano seduti in due file di fronte, tutti uguali. Una fila di elmetti, di fucili, di zaini. Una fila di nasi e di occhi. Li aspettava il deserto.

I suoi amici avevano fatto di tutto per tenerlo a casa. Lui non aveva mai chiesto niente, li lasciava fare. Cuniolo era andato perfino dal generale Badoglio. Niente. Quando gli dicevano: «Fausto, ancora non si è trovata la strada giusta...» lui si sentiva quasi sollevato. Gli occhi delle donne quando passava in bici da Villavernia per andare da Bruna, gli erano entrati fin dentro l'anima.

Occhi severi e tristi, sguardi di muto rimprovero e di rancore. I loro figli, come Livio, erano già partiti lontano: in Russia, in Grecia, in Africa e lui ancora lì in mutande a pedalare su quella stupida bicicletta e tutte le sere a casa, dalla mamma.

Cavanna lo voleva convincere a farsi venire un febbrone da cavallo come facevano nel '15-'18 i soldati che non volevano tornare in trincea, a farsi ammazzare come mosche: un decotto di sigaro toscano da mettere sotto le ascelle.

«Prova, testùn! Vedrai che funziona».

Ma lui scrollava le spalle e non gli dava retta.

Non gli andava più di restare a casa, mentre tutti quei poveri ragazzi partivano.

Sarebbe stato alla sorte. Si lasciava andare al suo destino, quasi che il futuro non gli appartenesse più, come attirato dentro quel pozzo di cui non vedeva il fondo. Una forza oscura che non riusciva a contrastare avrebbe posto fine alla stanchezza, che ogni tanto sentiva salire profonda, infinita.

A sud di Tunisi c'è l'altopiano del Mareth. Lontano all'orizzonte, il deserto ondulato di sabbia; sotto, la linea azzurra del mare. La terra è dura, di pietre rossicce e sparsi olivi scuri, contorti. Le bombe degli aerei inglesi della RAF gli arrivarono subito addosso. Assaggiarono il sapore amaro di quella terra, giù stesi bocconi, la testa sotto lo zaino.

Appena il tempo di alzare gli occhi da sotto l'elmetto verso lo smalto celeste del cielo e ritornarono scintillando al sole.

«Maronna! Giù, statte ggiù, ggiù!».

Questa volta gli Spitfire annaffiarono il terreno a mitraglia, lasciando sul terreno file parallele di nuvolette bianche. Poi si rialzarono cabrando su su fino a sparire, piccoli puntini luccicanti all'orizzonte.

Solo uno si avvitò colpito dalla contraerea italiana, lasciandosi dietro una nuvola densa di fumo nero, finché non scoppiò al suolo con un boato.

«Hurrà! Hurrà!» urlarono dalla buca gli artiglieri della divisione Pistoia, che fino allora avevano sparato al cielo.

Di buche ce n'erano di tutti i tipi, grandi e piccole, attrezzate secondo l'estro e la fantasia dei soldati. Erano la loro casa, il loro rifugio nel deserto, coperte di teli militari agganciati l'un l'altro, praticamente invisibili dall'alto. Anche Fausto scavò la sua buca insieme ai ragazzi del suo gruppo, guaglioni e' Napule, la maggior parte. Ci vollero giorni per averla vinta con quella petraia dura come il ferro. Ma alla fine la buca fu pronta con tanto di letti, scavati sul bordo all'interno come nicchie, tavolo, sgabelli, ripiani per sistemare il povero corredo del fante. Tutto di legno, le assi ricavate dalle cassette che una volta avevano contenuto barattoli, scatolette, bottiglie.

Mareth, 6 aprile 1943

Caro Serse... al sole cominciamo ad abituarci ma alle mosche no.

Entrano dappertutto, non si può aprire il gavettino e prendere un cucchiaio di zuppa che subito ti saltano addosso a decine intorno alla bocca, alla testa, agli orecchi. L'orina vecchia puzza e impregna le pietre, appena fuori dalla buca. Aspettiamo la sera, la brezza leggera che viene dal deserto e ripulisce il tanfo...

Mareth, 15 aprile 1943

Caro Serse... oggi è giorno di ghibli, il vento del deserto.

Tutta la sabbia si raccoglie in una grandissima nuvola che il vento trasporta dall'interno del deserto, qui si mescola alla polvere finissima che si è formata sulle piste macinate dai cingoli dei carri armati e dalle ruote dei camion.

A dieci metri non si vede più niente, la polvere penetra dappertutto. Tiriamo il telo sopra la buca e stiamo dentro. Fumiamo, giochiamo a carte, scriviamo a casa, se dobbiamo uscire ci copriamo la faccia con un fazzoletto, ci infiliamo il cappotto e chi ha un paio di occhiali da pilota se li mette...

Mareth, 26 aprile 1943

Caro Serse... le notizie che ci arrivano dall'Italia non sono buone. È vero che gli americani hanno cominciato a bombardare la città? Non immagini quanto stia in pena per tutti voi e per Bruna. A proposito, le ho scritto, ma non mi ha risposto. Che cosa le è successo? Qui in Africa per noi italiani va sempre peggio. Siamo qui ad aspettare gli inglesi che vengono avanti e tra poco saranno anche qui. I rifornimenti non arrivano quasi per niente, la benzina è finita e quindi anche la nostra forza mobile non serve. Si tratta di autoblinde catturate al nemico: Morris, Ford, jeep armate con cannoncini e mitraglie inglesi, italiane e tedesche, due trattori inglesi con i cannoni da 88.

Anche le nostre divise sono un misto di roba inglese e tedesca. È una guerra da straccioni la nostra. Ci mancano medicinali, acqua, pezzi di ricambio, soprattutto carburatori, magneti e batterie. Comunque io me la cavo abbastanza bene, ho imparato anche a fumare. La Macedonia extra e le Serraglio non mancano mai...

Non era proprio così. Fausto era ridotto pelle e ossa. Gli occhi cerchiati dalla febbre che lo divorava e la dissenteria che lo sfiniva.

Si consumava come una candela, ogni giorno di più. I suoi compagni uguale. Alcuni finiti all'ospedale, qualcun altro sottoterra.

Questa lettera la ritrovò Fausto tra le sue carte molti anni dopo. La censura l'aveva rispedita al mittente perché considerata "disfattista". Infatti gli toccò scriverne un'altra.

Pochi giorni dopo Fausto e i suoi compagni, cenciosi, gli occhi spiritati, i volti scavati, le labbra screpolate, si arresero ai soldati di Montgomery.

Il 17 maggio erano al campo di raccolta di Medjez El Bab. Qui i giorni furono uguali ai giorni.

Blida, 3 febbraio 1944

Caro Serse... ieri ci hanno trasferiti al campo di Blida in Algeria. La vita dei prigionieri è sempre uguale.

Anche qui mosche e poi ancora mosche, ma l'acqua è potabile. Anche se sa di cloro, non manca e qualcosa si può mangiare. Gli inglesi non sono cattivi e ci lasciano abbastanza liberi. Tanto chi vuoi che scappi da questo deserto! Non so niente di voi, ma spero che tutto vada bene.

E Livio ha dato sue notizie? E Bruna? Qui ho incontrato il Ventura, Eteocle, sai è quel ragazzo di Tortona che ho conosciuto da Cavanna, te lo ricordi? Faceva il garzone a Novi. Con lui il tempo passa più svelto, parlando degli amici, del paese e delle corse.

Ora impariamo a guidare i camion, gli inglesi ci insegnano. È divertente salire su questi bestioni. E come si vede bene da lassù! Non è tanto difficile e si fanno molti progressi, anche in meccanica...

Qualche tempo dopo il capitano Morrison li chiamò per dargli la buona notizia: dieci autieri e otto motociclisti erano spediti al campo della RAF: destinazione Caserta.

Tra questi Angelo Fausto Coppi: *prisoner of war*.

XII

Dove si racconta di Gino che va spesso fino ad Assisi in bicicletta per salvare gli ebrei; di quando viene portato a Villa Triste; di quando mentre si allena incontra i ragazzi del Ponte a Ema che vanno in montagna per unirsi ai partigiani; e di quando Gino di notte attraversa Firenze durante il coprifuoco.

Adriana lo vedeva alzarsi ancora a buio e vestirsi da corridore con su il maglione e la calzamaglia di lana. Era ancora inverno, nel '43 le corse erano state sempre più rare e nella primavera del '44 forse sarebbero addirittura cessate. Glielo domandava spesso: perché ti alleni così, ma lui la salutava con un bacio: torno stasera, non stare in pensiero.

Quando non voleva rispondere Gino faceva sempre così. Ma lei lo sentiva strano, come preoccupato e si era accorta che non dormiva più come prima, come se i pensieri lo tenessero sveglio.

A quell'ora Firenze ancora dormiva. Al Bandino, vicino a casa sua, solo il negozio del fornaio era aperto e qualche operaio in bicicletta lo incrociava, ancora tra il sonno. «Bona Gino».

Il sole bianco dell'alba gli sarebbe arrivato in

faccia prima di Pontassieve o subito dopo, lungo la ferrovia quando l'Arno curva verso Rignano.

Era allora che Gino cominciava a pedalare veloce e a sentirsi meglio anche coi suoi pensieri che in quei giorni non lo lasciavano mai. La sua bici gli faceva questo effetto.

Passò il bivio per Reggello e tirò di lungo. A volte era lì che svoltava e si arrampicava fino al paese. Si fermava da Gennaro, il suo calzolaio di fiducia. Come gli faceva le scarpette da corsa il Cellai, non c'era nessuno. Morbide, che gli calzavano come un guanto. Antifascista da sempre, Gennaro sapeva tutto dei partigiani e dei tedeschi dov'erano, delle case più sicure, degli ebrei e dei soldati inglesi da nascondere. Gli stessi pensieri che aveva Gino in quei giorni e che quella mattina lo portavano lontano. Ad Assisi mancavano ancora più di cento chilometri e lui doveva essere a casa prima di buio, anche se ora le giornate cominciavano ad allungare.

Tutto era cominciato da quando il cardinale Elia Dalla Costa lo aveva chiamato una mattina all'arcivescovado e gli aveva presentato padre Costa, un carmelitano dell'abbazia di Farneta. Qui i frati nascondevano gli ebrei che poi facevano passare dal porto di Genova dove si imbarcavano verso paesi sicuri, con documenti falsi. Il cardinale chiese a Gino di portare questi documenti fino a Farneta in bicicletta. Chi meglio di lui, che si allenava tutti i giorni per le strade della Toscana, poteva andare e venire da Lucca senza destare sospetti?

Al cardinale, che era un caro amico e che l'aveva anche sposato, Gino non poteva rifiutare questo atto di solidarietà, che corrispondeva in pieno alla fede religiosa cui era stato educato fin da ragazzo.

Da allora aveva cominciato a svolgere quel compito, in assoluta segretezza, infilando i documenti arrotolati dentro il tubo piantone, proprio sotto il sellino. Gino aveva smesso di andare a Farneta quando i nazisti cominciarono a sospettare qualcosa. Il cardinale, d'accordo con il Vaticano che dirigeva le operazioni, decise allora che era meglio indirizzare gli ebrei verso sud, nella zona più vicina alla linea Gustav dove l'esercito angloamericano era già arrivato. Assisi era il luogo più sicuro per nascondere le persone nei numerosi conventi, per stampare i documenti falsi, per la vicinanza della stazione di Terontola e dei monti dell'Appenino dove i contrabbandieri, in caso di necessità, avrebbero portato i clandestini oltre le linee tedesche. Anche qui c'era di mezzo un frate loro amico che era anche il confessore di alcuni di questi contrabbandieri, così dicevano da quelle parti.

Quella mattina Gino aveva un compito ancora più rischioso, anzi due. Fermarsi alla stazione di Terontola per favorire in qualche modo il trasporto sul treno dei clandestini verso Roma e Radicondoli; poi lui poteva proseguire per Assisi.

Giunto alla stazione di Terontola, Gino prese contatto con il gruppo dei clandestini, assai numeroso, accompagnato da un frate. Verificata la presenza di una pattuglia di soldati tedeschi che ispezionava il binario dove il treno si era fermato, attuò il suo piano. Entrò con la sua bicicletta nel bar della stazione e salutò a voce alta il padrone che conosceva bene.

«Buongiorno Leo, che me lo fai un bel cappuccino?».

«Guarda, c'è Bartali, come stai Gino? Che fai da queste parti?».

Si sparse subito la voce e il bar si riempì di gente che voleva salutare il famoso campione. Anche i soldati e l'ufficiale che li comandava si precipitarono dentro e qualcuno di loro gli chiese anche l'autografo. La sua fama era arrivata anche in Germania. Intanto i fuggiaschi erano già saliti sul treno.

Ad Assisi Gino si fermava sempre al convento delle suore Clarisse o all'abbazia di San Damiano dove era ospite di padre Ruffino Nicacci. Qui consegnava i documenti che aveva tolto dalla bicicletta e rimetteva quelli già pronti che Trento Brizi stampava. Quando un giorno Trento chiese a padre Nicacci di smettere perché sospettava che i nazisti si fossero accorti di qualcosa, il frate gli disse che il corriere era Bartali. Fu allora che Trento decise di continuare.

A Firenze lo sapevano tutti chi era Carità. Era il capo del reparto speciale che collaborava con i tedeschi. Una squadraccia che spiava, arrestava, picchiava, torturava, uccideva i partigiani e gli antifascisti. Carità era il cognome, di nome si chiamava Mario, ma da bambino lo avevvano chiamato Gesù. Così l'avevano battezzato all'orfanotrofio di Milano dove era stato abbandonato da bambino. Uno spregio alla religione e al bambino quel nome, che l'ironia della sorte aveva reso grottesco per via del contrasto sfacciato con la sua natura violenta e spietata.

Oltrepassato il Ponterosso, la Balilla saliva per via Bolognese. Si fermò proprio di fronte a un palazzo di quattro piani grande e moderno: Villa Triste. Così l'avevano ribattezzato i fiorentini.

Fanciullacci aveva preferito buttarsi dalla finestra piuttosto che affrontare le torture, e mettere così a repentaglio la vita dei compagni.

I tedeschi occupavano il primo e il terzo piano, i fascisti il secondo e il seminterrato, che serviva da prigione.

Il tizio più alto precedeva Gino, l'altro lo affiancava.

Il portone aperto era piantonato da due militi in divisa. Entrarono nell'atrio spazioso e salirono le scale di marmo bianco, venato di grigio. Giunti al secondo piano voltarono a destra e furono in un ampio appartamento ben arredato, signorile.

«Ciulli, digli al maggiore che c'è Bartali» fece quello alto togliendosi gli occhiali.

Passarono pochi minuti e il tipo chiamato Ciulli riapparve nel largo corridoio.

«Fatelo entrare».

Quello più basso si era tolto il trench e spinse Gino per un gomito dentro una stanza accogliente e luminosa.

Di fronte, dietro a una scrivania, seduto su una poltrona nera di pelle, un uomo sulla quarantina, vestito da ufficiale della milizia, camicia e cravatta nera, lo osservava.

Gli occhi piccoli, scuri e penetranti, incastrati in una faccia grassoccia, il collo corto, le spalle massicce, le mani tozze e quadrate appoggiate sul tavolo. La sinistra stringeva uno scudiscio corto da cavallerizzo, la destra scuoteva la cenere della sigaretta in un pesante portacenere di cristallo pieno di cicche. Era Carità.

«Tu allora saresti Bartali, il famoso campione!».

Gino lo guardò dritto negli occhi e non rispose.

«Siediti pure. Vuoi una sigaretta?».

«No, grazie, non fumo».

«Ah già... sei un atleta. Allora, caro Gino, facciamo due chiacchiere da buoni amici. Dunque... ci risulta che sei amico dei preti, del cardinale e addirittura del papa, e che li aiuti a nascondere gli ebrei e i prigionieri. Che tu dici?».

«Che sono dell'Azione Cattolica lo sanno tutti, ma che aiuto gli ebrei e i prigionieri non è vero!».

«Ah, non è vero? Ma se ti abbiamo visto fermarti spesso in curia e da certi preti a Rifredi, in San Frediano...».

«Guardi che io l'ho sempre fatto, anche prima della guerra».

«Oh, che mi pigli per bischero? Che tu dici allora di questa lettera del papa indirizzata a te. Lui ti ringrazia per la roba che gli hai mandato».

E gli sventolò sotto il naso una lettera del papa, che i fascisti erano riusciti a intercettare.

«Che cosa gli hai mandato, eh?».

«Pacchi di indumenti per la gente rimasta senza nulla, per quelli che hanno perduto tutto tra le macerie!».

«Bugiardo! Sono armi! Armi che vanno ai partigiani!».

«Giuro che non è vero! Provi lei se vuole, mandi al cardinale un pacco di indumenti per la povera gente e vedrà se il papa non ringrazierà anche lei».

«Basta! Mi pigli anche per il culo?» urlò Carità rosso in faccia, battendo lo scudiscio sul tavolo. «Io ti metto dentro, campione del cazzo! E vedrai se non ti faccio dire la verità! Qui la facciamo dire a tutti prima o poi!».

«Maggiore» fece il tizio più alto «può darsi che sia vero quello che dice lui. Forse è meglio se questa volta lo lasciamo andare, tanto lo teniamo sott'occhio. Se prima o poi sgarra lo ribecchiamo, e con le prove».

«Sì, è meglio. Portatemelo via se no finisce male!».

E mettendosi a sedere lo minacciò con lo scudiscio alzato, indicando la porta.

«Vai, campione. Per questa volta ti è andata bene, ma attenti a quello che fate te e i tuoi amici preti, perché la prossima volta non ti salva nemmeno Cristo morto!».

Gino, che non aveva mai smesso di guardarlo negli occhi, abbozzò con la testa un cenno di saluto, gli girò le spalle e uscì dalla stanza pallido in volto.

«Vai, Gino, e occhio, che quello non scherza!» gli disse sottovoce il tizio più basso. Gino scese le scale, passò tra i due militi di guardia alla porta e si lasciò Villa Triste alle spalle.

Dopo Figline la strada comincia a salire verso Greve in Chianti. Fatto qualche chilometro, si intravedono i boschi di querce e castagni che coprono il Sugame, la salita preferita da Gino.

Senza tornanti, ritta, senza una pausa per rifiatare, non tanto lunga ma dura.

Appena fuori dal paese la pendenza si faceva più forte. Cambiò rapporto e scattò ripetutamente.

Quando cominciarono i castagni li vide sul bordo della strada in fila indiana. Erano in sei. Ragazzi più giovani di lui che si voltarono quando lo sentirono alle spalle.

«Guarda, gli è Gino!» fece uno di loro e si fermarono. Li riconobbe subito, anche se avevano la barba lunga e i vestiti arrangiati alla meglio: Michele, i' Mascagni, Luciano, Aldo i' Pieratti, e i cugini Pratesi, Siro e Spartaco, tutti del Ponte a Ema.

«Che fate qui?».

«Lo vedi da te. Ci siamo decisi l'altro giorno.

A casa non si poteva più stare. Prima o poi i fascisti ci avrebbero beccato. Ora si va coi partigiani».

«Ormai si dovrebbe essere arrivati».

«Penso di sì. Dovrebbero stare sul San Michele. Piuttosto, state attenti ai tedeschi, li ho visti a Figline, vengono su».

«Non ti preoccupare quassù non ci chiappano!».

«Gino, salutaci i' Ponte a Ema!».

«Bona ragazzi!».

Li lasciò così, in fila indiana sotto l'ombra dei castagni.

Il giorno dopo li trovarono morti, impiccati dai tedeschi, insieme ad altri compagni.

Li avevano sorpresi nel sonno in un casolare e sopraffatti dopo una breve e sanguinosa battaglia: a Pian d'Albero.

A Firenze lo chiamano il solleone. È quando il sole cuoce a fuoco lento il lastricato delle strade, l'asfalto diventa tenero come il burro e riverbera vampe di caldo sui muri delle case fino a togliere il respiro.

Né un'ora di pioggia, né un alito di vento avevano rotto quell'estate di fuoco.

Di solito la gente usciva di casa la sera in cerca di refrigerio. Ma quella sera d'agosto non c'erano gli uomini nella strada a fumare una Macedonia in maniche di camicia, prima di andare a letto, né le donne a sedere sull'uscio di casa a chiacchierare, né i ragazzini a giocare a nascondino dentro i portoni e neppure le coppiette a sbaciucchiarsi dietro le cantonate.

I fiorentini erano chiusi in casa. Nessuno poteva uscire, neanche di giorno, neppure per fare rifornimento di viveri e d'acqua.

Il tre agosto il comando tedesco aveva proclamato lo stato di emergenza. Chi veniva trovato in strada sarebbe stato fucilato.

Le truppe tedesche si preparavano a lasciare la città, ma dietro di loro avrebbero fatto il deserto. Firenze soffriva la fame e la sete.

Non si potevano neppure seppellire i morti. Mancava la frutta e la verdura. La farina per fare il pane scarseggiava, perché i mulini erano stati distrutti.

L'acqua era poca e la gente faceva la fila alle fontane dei cortili. Per arrivarci c'era chi passava dai tetti e scavalcava i muri dei giardini. Da mangiare c'erano rimasti solo piselli.

Piselli di primo, piselli di secondo, dolce di piselli e perfino caffè di piselli tostati...

Quella sera Gino uscì di casa. Guardò furtivamente a destra e a sinistra, prima di saltare in bicicletta. Correva per le strade deserte. Si fermò davanti a una palazzina e scese lasciando la bici appoggiata al muro. Suonò il campanello sotto la targa di ottone: DOTT. G. POGGIALI. Nessuno rispose. Suonò alla porta accanto.

«Chi è?» chiese una voce di donna attraverso la porta chiusa.

«Sono Bartali, dov'è il dottore?».

«Non c'è nessuno. È sfollato con la famiglia».

«Arrivederla e grazie».

Risalì in bicicletta e via. Non sentiva neppure i colpi delle cannonate che i tedeschi e gli alleati si scambiavano senza tregua dalle colline, né vedeva i bagliori che, insieme al sibilo, precedevano il boato delle bombe che arrivavano a bersaglio.

Si fermò ancora di fronte a un palazzo sul Lungarno e suonò.

Il dottore era già uscito per una visita urgente.

Tentò ancora. Rischiando il tutto per tutto corse fino in San Frediano. I ponti sull'Arno erano guardati a vista dalle sentinelle tedesche.

Non gli restò altro che tornare a casa. Adriana aveva le doglie fin dalla mattina presto e stava male, c'era pericolo per lei e il bambino. Quando tornò a casa lei aveva già partorito, ma il bambino era morto.

Si sa solo che la sera dopo Gino legò sul portapacchi della bicicletta una piccola cassetta di legno e pedalando leggero si avviò verso il cimitero del Ponte a Ema.

C'era la luna e la notte era calda. Entrò scavalcando il muro dove era più basso e depose la piccola cassetta di fronte alla tomba di Giulio. Si inginocchiò e pregò. Parlò con Giulio e gli affidò la piccola creatura.

La mattina dopo Firenze si svegliò presto tra il fumo delle macerie. I ponti minati dai tedeschi erano saltati all'alba.

Verso mezzogiorno i partigiani della brigata Lanciotto passarono il Ponte sull'Ema ed entrarono in paese. La gente lo seppe allora che i partigiani avevano dato alla loro brigata il nome del comandante Lanciotto Ballerini. Proprio lui, il macellaio di Campi, quello del pugno proibito.

Due anni prima in Calvana i fascisti lo avevano ucciso insieme ai suoi compagni. Fu una spiata.

Sorpresi di notte in un casolare di Valibona, mentre si preparavano a trasferirsi sul Falterona, si difesero fino all'ultimo.

In giornata la brigata Lanciotto raggiunse la Nave di Rovezzano e attraversò l'Arno.

La battaglia di Firenze era cominciata.

XIII

Dove si racconta di Fausto prigioniero di guerra che torna a Caserta nel campo degli inglesi; dei suoi amici corridori che vengono a trovarlo; delle prime corse che ricominciano nel Sud liberato dagli alleati; e di quando Fausto in licenza torna a Castellania attraversando l'Italia devastata dalla guerra.

Fausto uscì dalla tenda, le gambe magre infilate dentro quei pantaloni corti al ginocchio, troppo larghi per lui.

Li vide scendere da una vecchia Augusta, ferma sul piazzale.

«C'è il soldato Coppi?» chiesero.

"Ma quello è Pietro" pensò lui.

Era il Chiappini della Legnano. Lo chiamò e si abbracciarono. Gli altri erano Osvaldo Ferrari, giornalista del *Corriere*, Rossetti, del *Mattino* di Napoli e un certo Nulli.

Avevano saputo dal *Corriere dello Sport* di Roma che Coppi era a Caserta e subito erano partiti da Roma con l'Augusta di Nulli, meccanico di biciclette, che gli offriva di correre per la sua squadra: i fratelli Nulli. Centomila lire e una bicicletta su misura.

Una settimana dopo l'Augusta di Nulli era di nuovo al campo della RAF, con la bicicletta legata sul portabagagli.

Fausto la tirò giù, montò la ruota davanti sulla forcella, accarezzò il sellino, gonfiò i tubolari, girò le pedivelle alzando la ruota di dietro, provò la leva del cambio, infilò i piedi dentro i puntali e si alzò sui pedali. Le gambe gli tremavano mentre si avviava lungo il vialetto di ghiaia tra le tende e le baracche di legno. Il naso di nuovo al vento, il ronzio della catena e lo scricchiolio del ghiaino sotto i tubolari.

«*Come on, champion!*» gli gridavano dietro i soldati inglesi, quando lo vedevano passare sulla stradina che costeggiava il campo oltre la rete di recinzione.

Lui sorrideva arricciando il naso "pinocchiesco", ma la sera tornava alla tenda scuotendo la testa, deluso.

Le gambe non rispondevano più, le sentiva come svuotate.

Di notte la malaria lo faceva sudare fino allo sfinimento, dopo lunghi brividi di freddo. A volte l'alba lo trovava ancora sveglio con il pigiama bagnato. Solo allora il corpo, abbandonato dalla febbre, diventava fresco e languido finché giungeva un breve sonno ristoratore.

«Non vado più» scrisse una sera Fausto a un amico. «Smetterò di correre».

Ma il giorno dopo accadde qualcosa che gli fece cambiare idea.

Era il primo pomeriggio, subito dopo il rancio, quando sul piazzale fece il suo ingresso un camioncino verde, aperto di dietro, da cui scesero alcuni corridori. Le biciclette erano assicurate dietro alla cabina di guida, appoggiate in fila, sulle ruote di dietro.

Scese anche l'autista. Aveva i calzoni alla zuava. Lo riconobbe per primo: era Leoni, il velocista della Legnano, il bell'Adolfo, dietro c'era Ricci e poi lui... Gino.

Lo guardava avvicinarsi mentre lo cercava. Non era facile riconoscerlo Fausto, infagottato nella divisa kaki, mescolato agli altri prigionieri appoggiati alle pareti del capannone a prendere il sole.

Gino non era cambiato molto. Forse un po' stempiato, ma sempre con il suo sguardo sornione.

Non lo aveva mai dimenticato quello sguardo che aveva il potere di confonderlo. Sembrava che gli occhi gli ridessero sempre e non sapevi mai se gli ridevano davvero e di chi e di che cosa. E intanto ti prendeva le misure. Non lo sopportava proprio quello sguardo.

«Gino!».

«Fausto!».

Si guardarono negli occhi senza dirsi niente e si abbracciarono.

«Allora tu non sei morto!» disse Gino.

«Nemmeno tu vedo».

«Che vai sempre forte?».

«Fortissimo!» rispose Fausto e sorrise. Aveva imparato che a quello lì non bisognava mai dire la verità.

Quando Leoni girò la vecchia Carolina, lo salutarono da sopra dandosi appuntamento per la domenica dopo a Napoli, per correre insieme il criterium.

Erano venuti fino laggiù perché il Nord Italia era ancora sotto i tedeschi. Gino glielo aveva detto quanto anche a Firenze la guerra era stata dura. I bombardamenti, la guerriglia dei partigiani sui monti d'intorno, l'arrivo degli alleati, la battaglia di Firenze, i partigiani in città, le fucilate per le strade, gli ultimi fascisti, i franchi tiratori, che resistevano sui tetti sparando addosso alla gente e infine la ritirata dei tedeschi sulla Linea gotica a cavallo dell'Appennino tosco-emiliano.

Lì avevano passato l'inverno e stavano ancora. Se si voleva correre bisognava venire giù a Roma e a Napoli, salire sulla Carolina di Leoni che faceva da autista e il resto della compagnia che spesso cambiava qualche attore: Martini, Cinelli, Volpi, Cecchi, Bini... quasi tutti toscani.

Mancavano i piemontesi, i lombardi, i veneti e i romagnoli rimasti di là dall'Appennino, divisi dalla Linea gotica.

Domenica Fausto avrebbe fatto la sua prima corsa.

Da quella sera pensò sempre a Gino. La paura di essere staccato da lui gli trasmise il primo fremito che dal cervello gli scese alle gambe. Quel certo brivido interno che lo rimescolava tutto e gli dava la carica. Dalla paura nasceva il coraggio, che sarebbe sceso dal cuore giù fino alle sue gambe vuote.

Quella domenica soffrì, quasi da piangere, ma la ruota di Gino non la mollò.

A Roma, Coppi vinse addirittura la Coppa Salvoni e Bartali s'incazzò, perché lui l'aveva chiuso nella volata. Fausto disse che era stato Gino.

Passarono veloci i giorni di corse arrangiate alla meglio nelle città e nei paesi da Roma in giù. Senza soldi, senza mangiare a sufficienza, solo con la speranza di un futuro migliore.

Qualcuno ricorda ancora gli spiccioli raccolti dai tifosi, a corsa finita, e regalati ai corridori.

Così arrivò il 25 aprile e l'Italia fu libera tutta.

Fausto si tuffò con la sua bici nel chiarore dell'alba, tra i sassi e le buche in direzione del mare. Cinque giorni di licenza per andare e tornare da Castellania. Nessuno lo avrebbe riconosciuto.

I calzoni e i calzettoni all'inglese, il maglione blu della marina, gli occhialoni da motociclista, il berretto girato sulla nuca, il tascapane a tracolla, un tubolare incrociato sulla schiena e, tra la camiciola e la pelle, la borsa tattica con il gruzzolo delle AM lire, strette da un elastico.

Qualche ora dopo il sole era già alto. Un camion militare l'affiancò.

«Ehi campione, lo vuoi un passaggio?» gli gridò l'autista sporgendosi dal finestrino. Il Dodge si fermò, l'autista saltò giù e aprì il portello di dietro.

Fausto smontò le ruote. Una mano si sporse e ruote e telaio furono messe dentro il camion, coperto da un telone militare.

Fausto sedette, faccia alla strada. I grandi platani della via Appia fuggivano veloci. Dopo San Biagio la strada correva lungo il mare, appena increspato dalla brezza. Attraversarono Terracina. Le case scorticate dalla mitraglia, le finestre nere come gli occhi dei ciechi, mucchi di macerie polverose e fosse piene di acqua gialla.

Davanti al bar della piazza uomini in maniche di camicia, pipa e cappello, chiacchieravano al sole.

Più oltre, lungo la strada, carcasse di autoblindo con le ruote per aria, abbandonate e arrugginite come se fossero passati anni. Nei campi tra il grano già alto ma ancora verde; immobile, puntato verso il cielo il cannone di un carro armato, sprofondato di sbilenco in una buca.

Nelle cascine, tra i casolari sparsi dell'Agro Pontino, tornava la vita. "L'aratro traccia il solco, la spada lo difende" firmato: Mussolini. La scritta sul muro di quella casa sarebbe rimasta ancora per molti anni.

Superata Cisterna, dove i tedeschi avevano resistito a lungo ai bombardamenti degli alleati, ecco il saliscendi verso Velletri e le curve prese a motore spento che li sballottarono di qua e di là. Poi Fausto si ritrovò per terra con la sua bicicletta addosso, ruote e telaio. Il camion era finito giù, in una scarpata.

Lo prese la paura e pensò solo a rimontare la bicicletta e a fuggire più lontano che poteva. La ruota di dietro era un po' storta e gli fregava sul freno.

A sera si ritrovò a pedalare tra Genzano e Frascati, attraverso la festa che, di paese in paese, lo accompagnò dai colli, giù, fino a Roma. Respirò l'odore della porchetta, servita sui banchi all'aperto, del vino frizzante, tra il vocio della gente sulla strada e la musica che si spandeva nell'aria. Si fermò in una piazzetta a gustarsi un panino con la porchetta e un bicchiere di Frascati seduto di traverso sulla canna del telaio. Guardava le ragazze ballare: i piedi che volavano leggeri sulle zeppe di sughero, i fianchi che scivolavano sotto le gonne di raion a fiori e il fremito delle gambe ignude.

«Rosamunda tu sei la vita per me, Rosamunda tutto il mio cuore è per te, nei tuoi baci c'è tanta felicità, più ti guardo e più mi piaci, Rosamunda...».

Così fino a Roma. Passò come ubriaco di stanchezza e di emozioni in mezzo a gente festante, tavole apparecchiate sulle strade, risate di ragazze, strilli di ragazzini, finché gli apparve come in sogno il bravo Nulli, che lo accolse quella notte nella sua casa ospitale.

La mattina dopo, sistemata la ruota, si rimise in sella. A Santa Marinella, qualche chilometro prima di Civitavecchia, lo raccolse un camioncino che lo portò fino a Livorno: costa, costa, su quel mare così azzurro. Attraversò il porto distrutto dai bombardamenti e la città ridotta a un cumulo di macerie. Si ricordò del Morino che era livornese: Olimpio Bizzi, ottimo velocista e un forte avversario nell'inseguimento su pista. Chissà se lo avrebbe rivisto.

Livorno, Pisa e poi Viareggio con il suo lungomare, largo e diritto che non finiva mai. A La Spezia sentì l'odore di casa. Sui tornanti del Bracco gli dolevano le gambe e la schiena. Sulle curve della Riviera, dopo Portofino lo prese la fame. Ma a Genova non sentiva più niente. Poi su, verso la campagna dove il sole si bagna nella nebbia, sulle zolle povere.

Quella sera la luce dell'imbrunire indugiò più a lungo. Riconobbe, stagliato nel cielo limpido, il poggio di Castellania. La strada che saliva gli sembrò più bianca, nel buio della sera, fino all'aia di casa sua.

Mamma Angiolina se l'abbracciò quel figliolo magro, dalle spalle fragili e dalle gambe lunghe e forti. E così Serse e Livio, reduce dalla Russia. Tutti gli si fecero intorno e gli chiedevano da dove veniva, che aveva fatto. Lui rispondeva a frasi smozzicate e anche lui chiedeva a questo e a quello che cosa era successo e cosa avevano fatto. Ma erano frasi appena cominciate che non si concludevano mai.

Aveva tanta voglia di un bagno caldo, di una

minestra e soprattutto di un letto profumato di bucato. Mamma Angiolina pensò a tutto non appena tornò dal pollaio, con un bel galletto che dava gli ultimi scossoni prima di ritrovarsi nel tegame della domenica.

L'indomani Fausto ripartì per Caserta. Qualche tempo dopo salutò il tenente Towell e i compagni del campo. Il tenente Towell tornò a Londra e Fausto a Castellania. Poi sposò Bruna e andò a vivere a Sestri con i suoceri, vicino al Turchino.

L'anno dopo sarebbe passato di lì, tutto solo, lanciato verso il traguardo di Sanremo. Nella prima grande fuga solitaria del ciclismo moderno.

XIV

Dove si racconta di Gino e Fausto che, finita la guerra, si sfidano sulle Dolomiti in epici duelli; del Giro d'Italia del 1946 che Gino riesce a vincere con l'aiuto di Aldo Bini; e di quando l'anno dopo Fausto si prende la rivincita andando in fuga sul Falzarego.

2 luglio 1946: il Giro della Rinascita arriva sui monti Pallidi. Ad Auronzo Coppi taglia il traguardo davanti a Bartali maglia rosa. Fausto veste la maglia biancoceleste della Bianchi, la rivale storica della Legnano.

Non c'è stata volata tra i due. Forse una tregua dopo il duello sul passo della Mauria. Nessuno lo saprà mai.

Tutto era cominciato dopo Ampezzo. Finito l'asfalto, la strada sale tra gomitoli di polvere. Più volte Gino piegò la bicicletta, scuotendola sotto i pedali fino a farla gemere nelle giunture e sempre Fausto andò a riempire il vuoto con andatura lieve, seduto in fondo al sellino. Solo il lungo naso arricciato e la bocca semiaperta a insufflare aria, tradivano lo sforzo estremo. Sembrava che li unisse un filo, che si allungava e si accorciava a ogni tornante, ma che non si rompeva mai. In cima al passo si spezzarono la schiena in una volata allo spasimo. Fu Gino a spuntarla, in mezzo a uno stretto budello di folla.

Il giorno dopo da Auronzo a Bassano la carovana risale la Grande Strada delle Dolomiti. Passata Cortina d'Ampezzo, sulle scale di Pocol, restarono soli, ancora più piccoli tra quei giganti di roccia. A destra le pareti delle Tofane di Rez, forate dalle gallerie e dai camminamenti scavati dagli alpini nella Grande Guerra. A sinistra le Torri di Averau. La Torre Grande: un gigantesco blocco di roccia inciso da una profonda spaccatura. Ai suoi piedi, sparsi tra macigni e detriti, i ruderi delle altre torri.

Li chiamano da sempre i Monti Pallidi, forse perché la luce bianca del giorno impallidisce la roccia. Sarà il riflesso delle nevi e dei ghiacci che anche d'estate restano nelle pieghe delle montagne, dentro le forcelle, tra le guglie, nelle piccole conche intorno ai laghetti, oppure i grandi ghiacciai delle cime più alte.

Il sole di mezzogiorno brillava sulle scale di Pocol, quando Fausto sentì nella pedalata del rivale, che lo seguiva, un battito più lento e aritmico, e si voltò. Capì dallo sguardo smarrito di lui, che aveva noie al cambio. Allora si alzò sui pedali e fece il vuoto con rabbia feroce.

«Dai che lo stacchi!» gli urlò Tragella ritto sull'ammiraglia. Dal passo del Falzarego vedeva luccicare il ghiacciaio dell'immensa Marmolada.

La discesa snervante si divincola tra abeti scuri e spianate di prati giù lungo il Cordevole.

A Feltre ha più di quattro minuti di vantaggio. Bartali suda e arranca da solo. Ha perso la maglia rosa e lo sa. Ma lungo la strada digradante che costeggia il Piave giallognolo, dentro la nube di polvere di un galoppo furioso, arrivano i nostri: Cottur, Martini, Biagioni, Cecchi, Pasquini e lui, Bini Aldo, di Prato, Legnano verde oliva. Il rivale di allora è oggi il compagno di squadra più fidato.

«Oh Gino, vai che la maglia rosa non la perdi!».

E si mette in testa a tirare come ai bei tempi. È una locomotiva che fila a tutto vapore divorando la strada. Gino si attacca a quel treno, al riparo del vento, dietro le schiene amiche. La muta dei cani inseguitori risucchia lenti inesorabili minuti, ma la lepre non si farà più raggiungere.

A Bassano applausi per Coppi, ma per un minuto e mezzo Bartali tiene la maglia rosa.

4 luglio. Sul Rolle, sotto le Pale di San Martino,

Coppi sferra i suoi attacchi micidiali. Uno, due, tre, dieci assalti all'arma bianca. L'ultimo scatto è un colpo di sciabola, da staccare netto le dita di una mano. Solo Bartali gli resiste. Cielo azzurro fino all'orizzonte estremo e una piccola nube soffice, come cotone. La strada lascia gli abeti e sale nuda, scandita dal ritmo bianco e nero dei paracarri. Il Rolle si erge come una fortezza di pietra arida. In cima il brusio della folla. Fausto scatta ancora, i tendini sotto la pelle bruna, la testa nuda, lo sguardo omicida di chi vuole distruggere, a costo di morire.

Gomito a gomito, senza toccarsi, escono dall'ultima curva dove la strada si appiana. Ancora un colpo di reni disperato e Fausto si rialza sfinito. Gino lo trafigge spietato, a pochi metri dallo striscione del Gran Premio della Montagna e ridono i suoi occhi.

Coppi fa in testa tutta la discesa, come a dire che non si è ancora arreso e che non ha paura di lui neppure in discesa.

Ronconi li raggiunge e sta un po' con loro, che si guardano l'un l'altro. A Predazzo se ne va e si prende subito tre minuti.

Dolomiti addio, il Giro finisce qui.

Dopo Predazzo si va giù verso Ora. La strada è ampia, le curve dolci. Improvvisamente: lavori in corso. La strada si stringe e le ruote dei corridori assaggiano l'infame pietrisco.

Una strage di gomme tagliate a fettuccine. Anche Bartali, maglia rosa, mette piede a terra e urla verso l'ammiraglia.

Fausto passa, baciato dalla dea bendata, e scompare dentro la polvere. Gino insegue, le labbra coperte da un filo di schiuma, gli occhi sbarrati, la vena del collo gonfia dallo sforzo. È il corpo a corpo decisivo. Bruciano tutto l'odio della rivalità, la voglia di mangiarsi il cuore e di lasciare l'altro a gemere in un fosso, schiantato dalla fatica.

Coppi è imprendibile, ma a Trento, per soli quarantatré secondi, la maglia rosa attaccata alle spalle di Bartali, che la porta fino all'Arena di Milano.

Dopo tremila chilometri, tra i due restano poco più di cinquecento metri.

1947: la rivincita.

Discesa del passo della Mauria: Gino in maglia rosa se ne va. Ma nel polverone, tra le auto della carovana che scendono a clacson aperti, Coppi e Ronconi lo riprendono, a quattro chilometri dal traguardo di Pieve di Cadore.

«Dài Gino, l'è bona!» strilla il Pavesi dentro il

megafono, quando la strada sale sull'ultimo strappo che porta in paese. Fausto è la sua ombra, ma Gino lo piega in volata, rabbiosamente.

«Accidenti alle macchine!» dice dopo, quasi a diminuire il rivale, che invece ammette: «Oggi Bartali andava troppo forte».

E intanto pensa al giorno dopo.

Salgono il Falzarego. Coppi sta sempre in coda dietro a Bresci, Cecchi, Silver Maes e Bartali, che fa l'andatura.

Presso la vetta si preparano alla volata, quando Gino s'inceppa sul cambio, si impunta e scivola sul ghiaino.

«Porca puttana!».

Le auto quasi gli frenano addosso, stridendo. Fausto si alza sui pedali e fa il vuoto. Centro metri, che giù per le curve diventano duecento. Scende per un guasto alla catena e Gino si avvicina fino a vederlo di nuovo. Ma sul falsopiano Coppi si allontana. Definitivamente.

«Accidenti!» dice Gino, il volto come di roccia. Solo gli angoli della bocca gli tremano un po'. La voce è roca, le sopracciglia contratte in un pensiero d'amarezza. Pavesi gli legge attraverso; quegli occhi e quella voce non gli piacciono per niente. Davanti, la strada è bianca e deserta, e Coppi è lontano. I meccanici gli urlano, ma dentro Gino è silenzio. Nelle sue gambe aride, un presentimento di sconfitta. Coppi sale il Pordoi sfiorando la strada con ruote leggere, la neve ai lati, la follia negli occhi, di chi sta davanti a tutti nel cuore delle montagne, piegando il rivale sulle ginocchia. Lentamente, ma inesorabilmente. In cima i minuti sono più di quattro. Il Sass Pordoi, le Torri del Sella, il Piz Boé, sovrastano maestosi. Giù, la strada è un serpente che si snoda sui prati. A Canazei la maglia biancoceleste passa come un baleno. Una principessa trasformata in usignolo per un incantesimo d'amore, ogni sera leva il suo canto per i boschi e le valli del Sassolungo. E lui giù a tutti i pedali lungo la val di Fassa. Anche il Rosengarten si lascia alle spalle, nella sua corsa forsennata. Stasera lui non sarà più lì, quando le rocce del Catinaccio diventeranno rosa. È così da quando re Laurino, sconvolto dal dolore per la perdita della bellissima principessa, trasformò le rose di quel giardino in pietre grigie: di giorno e di notte.

Ma si dimenticò dell'alba e del tramonto. È allora infatti che le rose tornano a colorire quelle rocce.

Cavalese: otto minuti di vantaggio. È qui, tra i tetti delle segherie, che Magni e soci raggiungono Bartali e organizzano l'inseguimento. Magni scende come Nuvolari alla Mille Miglia e subito arrivano a Ora, nella valle dell'Adige.

Spinge le sue leve potenti fino quasi a sbiellare, la testa lucida di sudore sull'incipiente calvizie, che sfiora il manubrio. Magni Fiorenzo di Vaiano. Vaiano è vicino a Prato, sulle rive del Bisenzio. Quando il Giro ha fatto tappa nella città dei cenci, Fiorenzo se l'è vista brutta. I compaesani l'aspettavano e sono volati i cazzotti. Ci sono voluti i carabinieri a tirarlo fuori. Nella val di Bisenzio si dice di lui che fosse tra i militi repubblichini che una mattina del '43 salirono all'alba in Calvana, alla caccia di Lanciotto Ballerini e compagni, nascosti in un casale di Valibona. Da allora, anche se al processo fu assolto, giurarono di fargliela pagare.

Il treno di Magni divorò la strada e risucchiò più di tre minuti. Tutto inutile. Fausto ce l'aveva fatta.

«In questo momento Fausto Coppi è diventato la nuova maglia rosa!» annunciò l'altoparlante al traguardo di Trento.

Chiuso dalla folla, Fausto sedette su un tavolino, abbassò il capo tra le mani e pianse.

«Quanti minuti?» chiese Gino appena sceso di bicicletta. Glielo dissero.

«Mi ha preso la maglia».

E si asciugò il viso e gli occhi, con il rovescio della mano.

«Mi ha preso la maglia...» ripeté con voce roca. Ci fu come una disperazione, nei suoi occhi arrossati di polvere e di sudore.

A cena il comendatùr Zambrini, il padrone della Bianchi, chiese piano a Fausto: «Perché hai aspettato che Bartali cadesse, per scattare? Se volevi, potevi andar via anche prima».

«Se sapesse commendatore... cosa mi sento quando ho Gino alla ruota...».

«Che ti senti?».

«Non lo so» rispose Fausto, dopo aver cercato a lungo le parole.

XV

Dove si racconta di Vasco, operaio della Galileo, e di quella giornata memorabile dell'attentato a Togliatti, il 14 luglio 1948; della manifestazione in piazza Signoria; degli scontri con la Celere; e di quando Vasco e i suoi compagni davanti alla Camera del Lavoro ascoltano alla radio la vittoria di Bartali a Briançon.

Vasco scese la scale e uscì nel fresco del mattino.

Si tirò su la lampo, fermò i calzoni della tuta con due mollette da bucato e staccò la corsa danzando sui pedali, poi si distese sul sellino, arrotondando la pedalata.

Il sole di quella giornata di luglio non si era ancora sciolto nel cielo pallido di afa e l'aria ancora azzurra gli frizzò la faccia. Passato il ponte alla Carraia la sentì ancora umida d'Arno.

Il manubrio da corsa della Maino grigio perla vibrò sopra le assi sconnesse del ponte. La guerra era finita da tre anni nemmeno. Gli alleati lo avevano tirato su in pochi giorni, sulle macerie di quello fatto saltare dai tedeschi.

Sulle lungarine di ferro avevano imbullonato robuste assi di legno che traballavano sempre nelle sconnessure al passaggio delle tante biciclette e delle poche automobili che transitavano oltrarno.

Ritrovò l'asfalto liscio del lungarno.

Il San Donato, le Gore..., il Chiesanova, l'Olmo, Pratolino: su e giù per quei poggi sulle tracce di Bartali.

Lui e il babbo insieme in quelle domeniche di polvere e di sole, prima che venisse la guerra.

Quella Maino aveva una storia. L'aveva regalata Girardengo a suo padre, quando lui era presidente del Circolo "Amici di Girardengo" di Sesto Fiorentino. Fu nel 1929.

Sul filo di questi pensieri si trovò con la ruota davanti quasi a infilare nelle verghe del tram, curvando da Porta a Prato verso il Ponte alle Mosse. Scartò sulla destra ritrovando le mattonelle di porfido, riprese di slancio verso il ponte all'Asse, passò i Macelli, finché sbucò dal sottopassaggio della ferrovia, svoltando verso Rifredi.

Ora che le fabbriche erano vicine le biciclette aumentavano a vista d'occhio. Operai in tuta, ragazze nei vestiti di raion a fiori, donne coi grembiuli celesti, a file di quattro o cinque per volta parlavano tra loro, ridevano, si chiamavano.

«O Vasco che sei al Tour? È da Porta a Prato che ti sto dietro...».

Gianfranco lo raggiunse e insieme proseguirono. Da piazza Dalmazia potevano vedere il profilo inconfondibile della Galileo; la fila dei triangoli che segnavano i tetti dei capannoni. Più in là, davanti ai cancelli, un formicolio di tute blu che tra poco sarebbero entrate dentro, lasciando deserto il viale.

Le sirene di mezzogiorno urlarono nel cielo di Rifredi. I compagni si sparsero per il grande piazzale della Galileo, arroventato dal sole.

Vasco si avviò con Gianfranco verso l'uscita.

«Che fai qui?».

«Vo a mangiare qualcosa alla Casa del Popolo».

«Ti fo compagnia».

Si mescolarono con gli altri, girarono l'angolo di via Vittorio e furono davanti alla Mutuo Soccorso.

Non erano ancora seduti su una delle panchine, con il panino in mano, che la notizia gli arrivò tra capo e collo.

«Hanno sparato a Togliatti!».

«Chi?».

«Un fascista».

«Gli ha sparato tre revolverate».

«L'aspettava all'uscita della Camera».

«È grave?».

«Sta per morire...».

Il primo ritrovarsi fu in piazza Dalmazia. Arrivarono da tutte le fabbriche del quartiere: in tuta, in canottiera, in calzoncini corti, con le biciclette a mano, le ragazze con i vestitini sbracciati, i grembiuli celesti aperti davanti.

Già alla Fortezza il corteo era un fiume, in piazza San Marco si unirono gli operai delle Cure.

Il centro le accolse in silenzio, le saracinesche dei negozi abbassate, le persiane socchiuse, la Celere agli incroci delle strade, le camionette in fila sul marciapiede della Prefettura, i cellulari nascosti nell'ombra delle stradine.

Piazza Signoria era già piena di gente e di bandiere rosse.

Dal palco rizzato su alla meglio, di fronte alla Loggia, li aspettavano ancora dai quartieri di Oltrarno.

Vasco era con Gianfranco, Metello e il Bandini, quando nella piazza entrarono i compagni della Pignone.

Si zittirono solo quando parlò Fabiani, il sindaco.

La sua voce nitida e sicura entrò in ogni angolo della piazza. Si poteva distinguere anche da lontano la sua figura sottile, il profilo scavato del volto risoluto di chi aveva sfidato la galera fascista. Le sue furono parole che seppero dire lo sgomento e la rabbia, lo sdegno e la speranza, la forza e la ragione.

Poche ore prima, ferito a morte, Togliatti aveva raccomandato di stare calmi, di usare la ragione, non la violenza; questo disse Fabiani al popolo di Firenze. Ed era quello che bisognava fare. La gente lasciò lentamente la piazza e si sparse per le vie d'intorno. Alcuni tentarono l'assalto alle sede dell'MSI, altri andarono verso la prefettura.

«Non si va alla Camera del Lavoro» fecero Gianfranco e Metello e svoltarono dietro Palazzo Vecchio, verso via dei Servi.

Vasco li seguì. Lì avrebbero avuto notizie di prima mano e istruzioni su che fare domani.

Piazza San Firenze era piena di camion e camionette della Celere. Fecero appena in tempo a imboccare Borgo dei Greci che dalla parte di piazza del Duomo sentirono l'urlo delle sirene e i tonfi sordi delle bombe lacrimogene, sparate dai celerini.

«Vasco, passiamo da Santa Croce, lì non ci dovrebbero essere!».

«Madonna, questa volta ce le danno».

«Hai visto quanti! Il centro è pieno».

Arrivarono in via dei Servi, sudati fradici. Davanti alla Camera del Lavoro gruppi di operai discutevano. Tra loro riconobbero Vinicio, che teneva banco.

«Montelatici ha telefonato ora a Roma. La Celere ha sparato. A Genova e a Palermo ci sono nove morti».

«Sull'Amiata, i compagni hanno ripreso le armi».

«Hanno ammazzato il maresciallo e fatto prigionieri i carabinieri».

«La CGIL ha proclamato per domani lo sciopero generale».

«Di Vittorio dice di stare calmi e di non fare bischerate».

«La bischerata la fa lui a dirci di stare buoni» disse Metello che ancora ansimava per la corsa.

«È proprio ora il momento di fare piazza pulita!».

«Bravo, è proprio quello che vogliono, per darci il colpo finale».

«Con quelli come te la rivoluzione non si farà mai!».

«O Metello ragiona» gli spiegò Vinicio «se si facesse come tu dici si farebbe la fine dei comunisti in Grecia. Volevano fare la rivoluzione e li hanno schiacciati come moscerini».

«Con gli americani in casa c'è poco da fare!».

«A dare retta a Togliatti intanto si è fatto la Repubblica».

«E che ci fa la Repubblica a noi operai?».

«I padroni comandano più di prima e i fascisti hanno rizzato la testa!».

«Bella la democrazia! L'hai visto il 18 aprile, la gente ha votato i democristiani e noi s'è preso una bella risolata!».

«E allora se tu perdi le elezioni, tu pensi di vincere la rivoluzione?».

«Perché, Lenin che ha fatto?».

«Lascia fare Lenin».

In quel momento arrivarono dei compagni della Pignone. Sorreggevano uno di loro sotto le ascelle: perdeva sangue dal naso e dalla bocca. Lo portarono su in Camera del Lavoro.

«In piazza del Duomo c'è stato un casino. Gli si è rovesciato un paio di camionette, ma i celerini venivano da tutte le parti. Dei nostri... ne hanno presi cinque o sei e li hanno portati in questura. Dal fumo dei lacrimogeni non ci si vede da qui a lì...».

Era un ragazzo della Fonderia delle Cure, con gli occhi arrossati dai gas e la tuta strappata su una manica.

«Dai Rossini, vieni a bere qualcosa».

Vasco lo portò dentro al bar di fronte.

«A te ti ci vuole un cognacchino!».

Via dei Servi era piena di operai che, reduci dagli scontri per le vie del centro, rifluivano verso la Camera del Lavoro. Si era formato un servizio d'ordine che presidiava gli incroci, da via dei Pucci alla Santissima Annunziata. Il sole calava dietro ai tetti e l'asfalto riverberava il calore della giornata. Le notizie si rincorrevano tra i campanelli che animavano la strada.

Nel bar di fronte avevano alzato il volume della radio.

«Giornale radio, edizione straordinaria. Le condizioni dell'onorevole Palmiro Togliatti, dopo l'intervento del professor Valdoni, sono stazionarie. L'operazione è riuscita, ma la prognosi è riservata. Le probabilità che l'onorevole Togliatti sopravviva sono buone. In tutto il paese ci sono state manifestazioni di lavoratori e cittadini. A Genova e a Palermo i manifestanti si sono scontrati con le forze dell'ordine. Si lamentano nove morti e decine di feriti

Il ministro degli Interni onorevole Mario Scelba ha dichiarato che la situazione è sotto controllo e ha invitato i cittadini alla calma. La segreteria della CGIL ha proclamato per la giornata di domani uno sciopero generale di tutti i lavoratori. La corrente democratico-cristiana si è dissociata, denunciando la strumentalizzazione politica dello stesso...».

«Carogne! Hai visto i democristiani, tutti con Scelba, quell'assassino!».

«Nove morti! Non gli bastano più i manganelli, ora tirano coi mitra!».

«O Cicio, ha visto? Quando è il momento l'unità dei lavoratori se la cacciano!».

Intanto la radio passava alle notizie sportive.

«Ci colleghiamo ora con il nostro inviato Mario Ferretti per la radiocronaca della quattordicesima tappa del Tour de France: la Cannes-Briançon».

«Zitti ragazzi, c'è il Tour!».

Il brusio delle voci fu come sospeso, i volti tesi a captare quella voce, lontana, appena incrinata dalle intermittenze dell'etere...

«Amici sportivi in ascolto, qui Briançon, è Mario Ferretti che vi parla dalla linea del traguardo della quattordicesima tappa del Tour de France: la Cannes-Briançon di 294 chilometri. Mancano quindici chilometri all'arrivo. Gino Bartali è solo in testa alla corsa ed è virtualmente la nuova maglia gialla del Giro di Francia!».

Un fremito, quasi una scossa li attraversò da capo a piedi, poi un'esplosione. Vasco si trovò ad abbracciare Gianfranco, Metello saltava sulla sedia.

«Gino li hai fatti neri!».

«Gino, li hai stroncati tutti!».

«Gino, sei il meglio!».

«...amici sportivi italiani, Bartali ha iniziato la sua fuga solitaria ai piedi dell'Izoard, ha staccato il piccolo Jean Robic e ha proseguito da solo in mezzo al freddo e alla pioggia. In cima all'Izoard il nostro campione aveva cinque minuti di vantaggio sul belga Shotte, sette su Lapebie, dodici su Teisseire e quindici sulla maglia gialla Louison Bobet. Nella discesa su Briançon, Gino guadagnava ancora, e a venti chilometri del traguardo era già virtualmente la nuova maglia gialla... ma ora ecco che in fondo al rettilineo d'arrivo vediamo muoversi la folla, ecco le moto della polizia, e dietro si intravede la sagoma inconfondibile di Gino Bartali. Sì, è lui che si avvicina e taglia il traguardo. Primo Gino Bartali! Il suo volto è una maschera di fango. La tappa è stata durissima, il tempo tremendo. Una tempesta addirittura si è abbattuta sui corridori. Ma Gino è stato il più forte e ha compiuto una delle più grandi imprese di tutti i tempi!».

«Te l'avevo detto che oggi sull'Izoard li perdeva tutti!».

«Con il tempaccio e le salite dure quello non lo ferma nessuno!».

«Bobet ormai ha chiuso».

«La maglia gialla la piglia Gino».

La radiocronaca faceva ormai da sottofondo

alle voci che si accavallavano, si rincorrevano fino a disperdersi in mille rivoli per tutta via dei Servi, dove la notizia rimbalzava di qua e di là, tra i compagni.

Si seppe che Bobet era arrivato quando Bartali era già in albergo. Distrutto dal freddo e dalla stanchezza lo avevano tolto addirittura dalla bicicletta, ma per cinquanta secondi Louison aveva conservato la maglia gialla.

«Non vuol dire, ormai è finito».

«Domani sul Galibier, Gino gli dà il resto».

«Domani è maglia gialla».

«E sai, oggi con lui non l'avrebbe fatta nessuno, nemmeno Coppi».

«Meno male che non è andato...».

«Questa volta ha avuto naso».

«Che tu vorresti dire?».

Fu così che l'ombra del rivale assente irrimediabilmente li divise.

«Ah, secondo te, oggi, Coppi ce l'avrebbe fatta?».

«Con quel tempaccio...».

«Con quelle discese...».

«Eh Coppi, a scendere gli ha fifa...».

«Già e sul Pordoi, chi l'ha staccato Bartali, Gesù?».

«C'era anche la neve».

«E poi in discesa Coppi ha aumentato il distacco...».

«Sì, ma vuoi mettere il Pordoi con l'Izoard?».

«E il Giro col Tour?».

«Coppi al Tour non arriva neanche a mezzo».

«Il Tour è troppo duro».

«Classe ce l'ha, ma per lui è troppo duro».

«Non ha il carattere».

«Che c'entra il carattere! Allora se si guarda il carattere... Bartali ce l'ha bellino... baciapile, amico dei preti e democristiano!».

«Che c'entra lo sport con la politica!».

«Se Bartali è amico del papa e di De Gasperi è colpa mia?».

«Allora se lo vuoi sapere, alle ultime elezioni, il tuo Coppi ha firmato un appello per votare democristiano!».

«O Metello, questa non la sapevi, eh?».

«Firmato? A me non risulta. Sono le solite invenzioni dei giornali borghesi...».

«Si scommette?».

«Hai voglia?».

«Ma guarda questi bischeri con tutto il casino che c'è vanno a scommettere su Bartali e Coppi!».

Vinicio si era affacciato sulla soglia del bar: «Ragazzi, salite su che c'è da preparare lo sciopero».

Vasco salutò i compagni, che scomparvero dentro il portone della Camera del Lavoro, si accese un'americana e prese per piazza del Duomo. Davanti a San Giovanni l'aria sapeva ancora del fumo acre dei lacrimogeni e gli raschiò la gola.

In via Cerretani il pavimento di porfido tra le verghe del tram era stato divelto e mostrava lo sterrato.

Cubetti di porfido sparsi qua e là era ciò che restava della sassaiola di prima.

Più avanti, in piazza della Repubblica, una camionetta con il muso schiacciato su un pilone della luce e gruppi di celerini agli incroci. La sua Maino l'aveva lasciata allucchettata nel piazzale della "Gali". L'avrebbe ripresa domani, pensò sul ponte Vecchio. Sulla pescaia di Santa Rosa il cielo era rosso e i ragazzini in mutande si schizzavano coi piedi nell'acqua.

...Nella penombra della stanza bianca si mosse appena, uscendo dal sopore ovattato che lo aveva avvolto. Tentò di ingoiare saliva nella gola riarsa e a una delle ombre che intravide china su di lui chiese: «Ciao illustre, come va la salute?».

«Tutto bene, anche la tua operazione».

«Fuori, che succede?».

«Ci sono manifestazioni ma è tutto sotto controllo».

«Non avete perso la testa allora».

«Non ti preoccupare, è tornato Di Vittorio».

Passarono alcuni minuti e Togliatti chiese un po' d'acqua, poi guardandosi intorno con l'aria un po' smarrita del miope senza occhiali domandò: «E in Francia chi ha vinto?».

«Bartali».

Allora socchiuse gli occhi indifesi e stirò le labbra in un sorriso. Il giorno dopo Togliatti era salvo e Bartali prese la maglia gialla.

XVI

Dove si racconta di Fausto che nella tappa Cuneo-Pinerolo del Giro d'Italia va in fuga da solo per duecento chilometri e stacca Gino di oltre dodici minuti; e di quando da allora lo chiamano il Campionissimo.

Nel silenzio antico delle grandi montagne oggi ognuno saprà il suo destino.

Era saldo il cuore di Gino alla partenza. Conosceva bene quelle montagne, da Cuneo a Pinerolo sconfinando in Francia.

Salì a cavallo della sua bici lucente, alzò la visiera del suo berretto giallo e guardò verso di lui.

Ma Fausto neppure osò un cenno di saluto, prima di sfuggirgli allo sguardo, e si celò tra i suoi scudieri, assente.

Solo Serse capì il cuore incerto del suo nobile fratello.

Passano tutti in schiere serrate, le curve spalle sui manubri ritorti, in fondo alla stretta valle scura di pioggia.

Sventolano le mantelline trasparenti sulla strada deserta di questo giorno feriale. Chi alza la testa scorge remote cime, lassù tra brani di nebbia e bianche luci sotto i nuvoli neri.

Più in alto la valle respira, si lascia dietro la striscia a zig zag della strada percorsa dalla fila lunga di ruote, che brillano al sole.

Un puntino arancione si stacca, poi un altro biancoceleste, che procede a velocità doppia, lo affianca e lo supera. Un fremito percorre la fila che si allunga, si assottiglia e infine si rompe.

«È Coppi! È Coppi!» dicono.

Tragella chiedeva imperiosamente strada. Sulla vettura della Bianchi si erano alzate le insegne, Zambrini aveva il naso ancor più ciranesco e portava gli occhiali neri, forse per nascondere la sua emozione.

«Ma fa sul serio?» si chiese.

"Ma dove va quello?" pensò Gino.

«Se mancano ancora duecento chilometri».

Fausto guardò giù e lo vide davanti al gruppetto dei pochi che reggevano il ritmo. I più si erano già perduti.

Poi restarono loro due, soli.

Si inseguirono per ore su e giù per le montagne malinconiche, i tristi prati umidi di fredda pioggia, i ghiacciai violacei.

A volte Fausto si alzava sui pedali e staccava

il volo, leggero, quasi non avesse più peso. Gino inseguiva potente, con forti pedali.

Fausto accarezzava la strada, Gino la mordeva.

In cima al Vars i minuti erano già più di quattro, Fausto si voltò e vide la maglia gialla di lui, sempre più piccola, sui tornanti di sotto. Calarono a valle.

Sporco di fango, la faccia grigia, Gino scendeva calibrando le curve mortali. In fondo chiese il distacco: ancora quattro minuti. Forse il tempo inesorabile scavava dentro le fibre dei suoi muscoli tenaci, lasciando appena un fremito di incertezza nei suoi riflessi.

Fausto si era rialzato, mangiava e si guardava d'intorno.

L'Izoard l'aspettava immobile.

Si lasciò dietro il rumore del torrente Guil, passò il Queyras. Ecco i cartelli francesi "*Col de l'Izoard òuverte*", "*Dernier font d'eau*".

Scorrevano le pietre miliari lungo il pendio, che sembrava appiattirsi sotto le sue ruote. Si voltò ancora indietro, ma più sotto non c'era nessuno.

Il pietrificato silenzio dell'Izoard modellava le rampe selvagge, le aride ghiaie lentamente cucinate dal sole.

Dietro di lui solo il motore ansimante dell'ammiraglia risuonò nella Casse deserte, tra i lunghi obelischi di roccia rossastra conficcati nel pietrisco lunare, poi valicò il passo, lungo e ossuto cavaliere dalle gambe nude.

Pochi italiani di Francia si fumavano il fiato sulle mani fredde tra qualche pastore e i giornalisti di oltralpe, venuti apposta per scrivere del duello mortale.

Un giornale sotto la maglia biancoceleste fu il suo scudo contro l'aria gelida della discesa, fino a Briançon. Passato lo striscione del GPM, Gino chiese ancora il distacco.

«Cinque minuti» gli dissero. Quando si spalancò la valle, afferrò il berretto e lo buttò via in un gesto di sfida orgogliosa e amara.

Sul Monginevro lottò in silenzio. Sapeva di essere forte come l'anno prima, ma cedeva lentamente.

«Forza Gino, fai una grande corsa!» gli dissero.

Lui scrollò il capo e si passò la mano lentamente sul viso, con gesto da automa. Le sue mani si stringevano con disperazione cupa sul manubrio e dolevano al saltellare delle ruote sulle buche.

Mani nere di sole e di fango asciutto, incatramate dalla sottile polvere delle montagne. Mani che strapparono con furia selvaggia il tubolare sgonfio, nel dramma di altri minuti perduti. Sul Sestriere i minuti erano sette ed era l'ultima montagna.

Fausto ogni tanto staccava gli occhi dalla strada.

Stordito dall'aria che gli pungeva i polmoni, guardava verso i crinali innevati dei monti lontani, e i ghiacciai, immersi nell'aria sempre più azzurra.

La crudele fatica lo consumava fino a renderlo trasparente, come un'ombra leggera.

Vicino a Pinerolo, dopo il lungo falsopiano, seppe che i minuti su Bartali erano diventati dodici.

"È più vecchio di me" pensò Fausto.

Fu quella volta che Alfredo Martini arrivò anche lui da solo e fu terzo al traguardo di Pinerolo.

«La mia fu una grande impresa. In quella corsa dove quei due andarono via, prima Fausto e poi Gino e noi non si videro più».

La loro era un'altra corsa, ha detto sempre Alfredo.

XVII

Dove si racconta di quando al Tour del '49 Alfredo Binda riesce a far correre insieme i due grandi campioni.

Quando dicono che è stata l'impresa più grande di Alfredo Binda, hanno ragione.

Mettere insieme loro due, nel Tour del '49, non fu cosa facile. Per la seconda volta Binda seguiva il Tour de France, come commissario tecnico della nazionale italiana.

Una corsa difficile il Tour, anzi spietata. Una corsa fatta per chi sa soffrire.

Bartali l'aveva vinta l'anno prima. Solo loro due sapevano quanto costa vincerla.

Gino perché ha avuto la forza e il coraggio di farlo due volte a distanza di dieci anni, Alfredo perché un anno fa l'ha guidato insieme alla squadra e ha avuto fiducia in lui, anche quando nessuno ci credeva più.

Al giovane Binda il Tour era stato ostile o forse lo era lui al Tour. È l'unica corsa che non ha mai vinto.

Eppure Alfredo aveva passato la sua giovinezza a Nizza e aveva iniziato a correre proprio in Francia. Ci aveva provato una volta e gli era bastato, non arrivò neppure a Parigi.

Per questo il CT capiva Coppi che correva il Tour per la prima volta e ne aveva paura. Fausto aveva stravinto il Giro d'Italia, aveva battuto Bartali proprio sulle Alpi francesi, nella fuga più lunga della storia del Giro. Da quel giorno fu il Campionissimo, eppure aveva tanta paura del Tour e di Bartali. Glielo disse subito: «O me o Bartali. La squadra deve correre per uno solo. È meglio che vada Bartali, è una corsa fatta per lui».

Aveva ragione, ma anche lui sapeva che tanto ci doveva andare. Lo voleva la Bianchi, lo voleva la Federazione, lo voleva Goddet, lo volevano i suoi tifosi, lo volevano i tifosi di Bartali, che sognavano la grande rivincita sui colli del Vars e dell'Izoard, e lo voleva anche lui, perché sapeva che un campione è grande solo se ha vinto la Grande "boucle", la corsa più importante del mondo. Ne sapeva qualcosa Binda, che gli era rimasto il rimpianto.

Così era scritto: Coppi e Bartali insieme al Tour.

Il patto si fece a Chiavari e fu perfezionato a Milano, all'hotel Andreolo, il giorno prima della partenza per Parigi.

Fu un avvenimento internazionale, giornalisti di tutto il mondo assediavano l'albergo fino dal giorno prima.

Per Bartali e Coppi uguali diritti e uguali doveri, uguale numero di gregari, uguale assistenza. Per la prima volta Goddet ammise per ogni squadra nazionale le due auto.

Sull'ammiraglia le bici di tutte e due, sulla piccola Renault di Tragella la Viscontea di Ricci, che aveva una misura intermedia, adattabile a ciascuno dei due.

Binda avrebbe seguito quello che stava davanti, Tragella l'altro.

Uno non deve inseguire se l'altro è in fuga; lo può fare solo se insieme c'è un uomo pericoloso per la classifica.

Questo vale fino ai Pirenei, poi ognuno farà la sua corsa.

Da allora in avanti chi sarà in testa nella classifica, sarà il capitano unico e tutti correranno per lui.

La carovana lasciò Parigi per le spiagge della Manica.

Da Boulogne a Rouen a ritroso sulle orme lasciate pochi anni prima dai cingoli dei carri armati del generale Patton.

Già dalla prima tappa ci fu, come sempre, bagarre e i nostri persero minuti su minuti.

Controllare la corsa al Tour è impossibile.

Se le squadre nazionali possono in qualche modo seguire una strategia, nella quale sia possibile individuare gli alleati e i nemici, le squadre regionali francesi fanno come gli pare. Sono più o meno un centinaio di corridori. Li chiamano "i pirati" perché come i pirati ogni giorno vanno all'arrembaggio, a ondate successive, pedalando alla morte, cercando disperatamente la vittoria di tappa.

Ci sono giovanotti smaniosi di farsi vedere ad ogni costo e vecchi volponi, che ne hanno viste di tutte. Nessuno obbedisce a nessuno, c'è sempre fino alla partenza qualcuno che scappa a tutta birra come se la tappa finisse lì, magari dopo qualche chilometro lo trovi dietro una curva scoppiato, che boccheggia con la bava alla bocca e la bici per terra.

Ogni anno emerge da questa ciurma di scalmanati un personaggio nuovo.

Ora c'è Marinelli. Jacques è un ragazzo biondo e mingherlino con il viso delicato di una fanciulla.

Figlio di immigrati italiani si pronuncia Marinellì con l'accento sulla "i", alla francese.

Nella terza tappa è entrato nella fuga buona ed è maglia gialla.

La sera Binda dice ai ragazzi di stare tranquilli. Ai Pirenei venti minuti non sono un problema. Lì si cominciano a vedere le carte. Sulle Alpi si decide. Lassù c'è gente che perde mezz'ora alla volta.

Ma Fausto non è convinto, la sua inquietudine cresce ogni giorno di più.

«Non è questo il modo di correre» dice.

Lui che al Giro d'Italia ha messo tutti in fila, lui che appena dice qualcosa, o semplicemente guarda, è subito ascoltato e temuto, lui che se parla con Gino e si mettono d'accordo, per gli altri è finita davvero. Per uno come lui il Tour è indecifrabile, assurdo e pericoloso.

E poi sa che Bartali in una corsa come questa ci sta come un pesce nell'acqua; da anni conosce la strada e gli uomini, e teme che il vecchio possa vincere ancora.

Il CT sente che Coppi non si fida neanche di lui, immagina forse che gli preferisca Bartali. Un dubbio gli rode il cervello e gli scava nell'anima.

C'è un'ombra negli occhi di Fausto, l'ombra di Gino: e Binda ha paura che qualcosa si spezzi.

Per questo alla vigilia della quinta tappa Binda fa capire a Coppi che domani da lui si aspetta qualcosa.

XVIII

Dove ancora si raccontano le avventure di quel Tour Leggendario; della crisi di Fausto; di Gino maglia gialla che poi cade; della vittoria finale di Coppi e del giro d'onore dei due campioni al Parco dei Principi.

Da Rouen a Saint Malo ci sono quasi trecento chilometri. La strada lascia l'Atlantico, le sue nuvole grigie e gonfie, alte nel cielo profondo, le sue improvvise raffiche di fredda pioggia.

Si entra nel mezzo della pianura afosa, dove cessa la brezza e l'asfalto si scioglie al calore del sole.

Al quarantesimo chilometro Fausto, con Marinelli e altri tre o quattro, va a prendere Ferdy Kubler, l'elvetico, che, messo il nasone sul manubrio, aveva lasciato la compagnia.

A Caen Binda si ferma a dare il sacchetto del rifornimento e controlla il distacco.

Il gruppo con i migliori, Bartali e tutti i nostri, ha perso cinque minuti in soli venti chilometri. Binda dà la *musette* anche a Bartali e ordina all'ammiraglia di accelerare l'andatura per riportarsi su Coppi, che ora è seguito da Tragella.

La strada passa tra le immense distese di meli del Calvados, poi si fa stretta ed entra tra le case di un paesino assolato: Mouen.

Dietro una curva, seduto sul marciapiede c'è Fausto con la testa tra le mani, la bici per terra con la ruota fracassata e la forcella piegata come una forchetta di stagno.

In piedi Tragella lo supplica con la bicicletta di Ricci già pronta.

«Ti sei fatto male?» gli chiede Binda.

«No» risponde Tragella «è caduto con Marinelli, ma questa bicicletta non la vuole. Vuole la sua e tu eri dietro».

Pinella è un fulmine, la Bianchi di Fausto è pronta, ma lui non alza neppure la testa. Passa il gruppone, si fermano tutti i nostri, Bartali scende.

«Dai Fausto, che li ripigliamo».

«Io vado a casa».

«Fausto, questo non lo puoi fare».

«Senza di te non si parte» gli dice Gino.

Milano e Pezzi lo rialzano e lo mettono sulla bici, ma lui scuote la testa. Ricci lo spinge di dietro, Bartali gli si mette a fianco e gli parla.

«Fausto abbozzala, non lo vedi che siamo tutti con te? Vuoi pedalare, porca miseriaccia cane!».

«Tanto non ce la faccio».

«Ce la fai, ce la fai, perdio! Ce la devi fare!» e

con il pugno lo pungola sui fianchi, colpendolo ripetutamente.

Fu allora che Fausto per un po' reagì e i nostri ce la fecero a riportarlo nel gruppo.

Ma quando il belga Ockers si sganciò alla caccia di Kubler e Bartali gli si attaccò alla ruota, Fausto si lasciò scivolare in fondo alla fila.

Allora Binda lo affiancò: «Che c'è?».

«Non vado più».

«Ti passa presto, vedrai».

«No, non mi passa, lo sento».

«Fausto, hai sete?» gli chiese il fido Milano, porgendogli la borraccia con l'acqua fresca. Pezzi lo spingeva per il sellino, Ricci gli versava l'acqua sulla testa. Non ne voleva sapere.

Il CT l'aveva capito subito che ce l'aveva con lui perché al momento della caduta era con Bartali.

Secondo lui Binda aveva scelto Bartali e questo l'aveva convinto che era ormai inutile continuare.

Il caldo faceva il resto. Il cielo impallidiva nella calura, l'aria asciugava la gola e rendeva penoso il respiro.

Ci fu un momento che Fausto smise di pedalare e fece per slacciarsi i pedali.

«Che fai, sei matto?».

«Voglio andare a casa».

«No, a casa tu non ci vai. Biagioni, spingilo! Se

vai a casa ci resti, perché io ti faccio squalificare. Dopo questa figura non ti facciamo più correre. Tu qui rappresenti l'Italia, non puoi fare il bambino!».

A Saint Malo, arrivò con i compagni a oltre mezz'ora dai primi.

La sera in albergo Milano e Ricci vanno in camera sua. A loro dice: «Binda preferisce che vinca Bartali. Ero in testa e lui era dietro con Bartali. Il Tour non fa per me».

Milano il suo capitano lo conosce bene.

«Fausto, non ci puoi tradire così. Lo sai che se rimani, possiamo vincere molto e guadagnare tutti. Ne abbiamo bisogno. Lo sai che io mi devo sposare. Non ci puoi lasciare ora».

Anche Ricci gli dice la sua.

«Fausto, ci sono ancora tutte le montagne e due cronometro, mezz'ora la riprendi come vuoi».

Riesce a salire in camera di Fausto anche il farmacista del paese con il suo cane.

«L'ho chiamato Fostò, in suo onore, non ci deluda».

Questa del cane Fostò, gli ha lasciato l'ombra di un sorriso negli occhi tristi e un po' incavati sul viso tirato, arrostito dal sole.

Binda sale in camera da lui, sapendo che pochi minuti prima Cavanna gli aveva telefonato.

«Allora?» gli chiede.
«Dice di continuare».
«Ha ragione, pensaci. Ancora domani, poi c'è il riposo e la tappa a cronometro, quella la puoi vincere. Dopo vediamo».

A La Rochelle vinse bene, era di nuovo lui. In sessanta chilometri aveva recuperato più di otto minuti alla maglia gialla, che era sempre Marinelli.
Arrivarono i Pirenei. Il massaggiatore Pelizza, che lo capiva al volo, era ottimista.
«È sempre incazzato, vuol dire che sta covando qualcosa».
I Pirenei dissero che Coppi era ancora il più forte. Primo sull'Aubisque, sull'Aspin, sul Tourmalet, guadagnò minuti preziosi. Ma Gino non lo perse di vista un minuto, ai piedi delle Alpi era ancora lui il primo degli italiani.
La sera dopo cena nel piccolo albergo di Gap, coi ragazzi tutti intorno alla tavola, Binda distese la cartina della tappa: la Gap-Briançon. Percorso, profilo altimetrico, tempi, rifornimenti; il piano di battaglia era chiaro: portare Coppi e Bartali fin sotto il Vars a velocità sostenuta, in modo da stancare gli avversari, poi loro due avrebbero fatto il resto.
«Dormite tranquilli, domani la maglia gialla è nostra».

Ma Binda non era tranquillo per niente, domani con quei due lì poteva accadere di tutto. Sveglia all'alba e alla partenza tanti auguri a Gino per il suo compleanno: sono trentacinque e il vecchio scoppia di salute.

Nella prima parte tutto va secondo i piani. Sul Vars, Gino passa in testa.

Quando attaccano l'Izoard sono soli. Robic, Ockers, Kubler sono staccati di alcuni minuti. Ci siamo. Se ora quei due cominciano a guardarsi, va a finire che li riprendono e si perde il Tour.

Allora il CT si fece coraggio e li affiancò.

«*Allez, allez*, che andate bene! Tirate un po' per uno e arrivate soli».

Ma quelli cincischiavano, e non si decidevano a tirare.

«*Allez*, dateci dentro perdio! Se per caso vi fate riprendere, vi giuro che non correte più. Vi faccio squalificare a vita. Pensate a tutta la gente che in Italia vi aspetta!».

Fausto ruppe gli indugi e allungò, Gino gli fu subito a ruota e dopo cento metri gli dette il cambio. Era fatta! Nella discesa Gino forò e Fausto l'aspettò; quando avevano sete si passavano la bottiglia dell'acqua.

A Briançon vinse Gino senza volata e si strinsero la mano.

«Sapete» disse serio Fausto «oggi è il compleanno di Gino e a lui vincere faceva piacere».

Gino indossò la maglia gialla. Fausto era sereno e sorrideva. Vuol dire che aveva deciso di stare ai patti.

Da Briançon ad Aosta un'altra tappa dura, con l'Iseran a 2.769 metri. Mai nella storia del ciclismo si era arrivati così in alto. L'irriducibile Testa di vetro, il piccolo bretone Jean Robic, tentò ancora una volta.

Prima Fausto e poi Gino lo andarono a prendere.

Il francese lottava con disperata tenacia dimenando il suo testone cocciuto, ma poi finiva inevitabilmente con l'arrendersi, con occhi di sconsolata disperazione.

Sulla sella dell'Iseran: chiazze di neve recente e poi la discesa, che i due, ormai soli, affrontano con calma. Sul Piccolo San Bernardo, ai confini con l'Italia, la strada si innalza a lente volute lungo i costoni massicci.

Gino e Fausto procedevano con azione decisa, ma dietro non mollavano.

Robic e Ockers seguivano a poco più di un minuto.

Preoccupava soprattutto il piccolo e coriaceo belga, un regolarista forte in salita e sul passo, straordinariamente resistente, che in classifica seguiva Bartali a circa tre minuti, che al Tour è poco davvero.

Fu all'inizio della discesa che Gino bucò una gomma. Pinza saltò giù e in pochi secondi cambiò la ruota. Fausto scendeva piano per aspettarlo.

Gino calò sulle curve come un falco, ma, tradito da una buca, scivolò sul ghiaino urlando dallo spavento e dal dolore.

A Binda si gelò il sangue nelle vene. L'ammiraglia inchiodò e saltarono tutti giù.

Il fianco scoperto dai calzoncini lacerati sanguinava, e anche il ginocchio; ma il dolore più acuto lo sentiva alla spalla. Cercarono di rimetterlo dolorosamente in sella, tra i gemiti, senza capire la gravità delle ferite, quando arrivò Raschini, il motociclistica della Rai.

Lo aveva rimandato indietro Fausto.

«Coppi vuol sapere che deve fare».

«Digli che vada via da solo».

«Gino guardò il CT senza dire niente, si riallacciò le cinghie dei puntali e sparì dietro una curva; poté vedere Fausto scendere senza pedalare, il ginocchio allargato, qualche tornante più sotto, poi vide la moto di Raschini affiancarlo, e lui ricomporsi in sella e filare via a tutta velocità».

Ad Aosta la maglia gialla passò sulle spalle di Coppi. Binda cercò Gino in albergo e gli parlò.

«Gino, cerca di capire. Gli altri erano ancora sotto e io non sapevo in che condizioni eri, se ce l'avresti fatta. Se vi riprendevano, il Tour si rischiava di non vincerlo».

«Fate voi. Vuol dire che questo Tour lo doveva vincere Coppi, così, senza un duello regolare. Se va bene a tutti va bene anche a me».

E si chiuse in un mutismo assoluto.

Binda capì che Gino non gliel'avrebbe mai perdonata. Ha sempre pensato che Fausto fu leale e che fu Binda a tradirlo.

In realtà il CT non volle rischiare niente e ha sempre detto che Fausto il Tour lo avrebbe vinto lo stesso, nella tappa a cronometro di Colmar, dove prese a Gino più di sette minuti. Peccato che quel Tour non si potesse vincere in due.

Al Parco dei Principi il CT si fece fare una fotografia in mezzo a loro. Anche Gino sorrise, con gli occhi un po' malinconici, ma sorrise.

Fausto lo guardò e capì, l'avrebbe abbracciato ma gli mancò il coraggio. Loro due erano sempre così, ogni gesto moriva prima di nascere, ucciso dalla vergogna di mostrarsi troppo.

XIX

Dove si racconta di Fausto che cade al Giro d'Italia del 1950 e va all'ospedale; e di Gino che, solo per sfortuna, non riesce a battere Hugo Koblet, l'astro nascente del ciclismo.

La maglia rosa si addice a Hugo Koblet.

«*Le pedaleur de charme*»: così lo chiamano i giornalisti francesi al seguito del Giro d'Italia 1950.

Più che un corridore sembra un attore del cinema: alto, bello come un arcangelo, biondo, elegante.

Appena giunge al traguardo si terge il sudore, volge in alto gli occhi più azzurri del cielo, estrae un pettinino dalla tasca di dietro della maglia e si ravvia i biondi capelli leggermente ondulati. Sorride alle ragazze e le ragazze sorridono a lui. Ai cronisti risponde in un francese charmant. Un po' in disparte il grande Learco Guerra se lo cova con gli occhi di gattone soddisfatto. Ventitré anni ed è già una star. Tutti parlano e scrivono di lui affascinati dal suo stile: leggero in salita, forte sul passo, temerario e abile in discesa.

Coppi e Bartali lo guardano; hanno capito che la loro stella può essere oscurata da lui, che non ha conosciuto ancora la paura. Naturalmente e semplicemente spavaldo, come tutti i giovani baciati presto dalla gloria.

Due giorni prima sul Pian delle Fugazze, li ha lasciati a metà salita, con aristocratica disinvoltura, apparentemente senza sforzo. E le loro maestà hanno dovuto inchinarsi.

Così la maglia rosa ha fasciato le sue spalle di atleta. Oggi è in testa al plotone, gli occhi azzurri dietro gli occhiali da sole. Loro, i due big, lo seguono a ruota e si preparano a sferrare il colpo decisivo.

I Monti Pallidi si avvicinano e lassù il giovane levriero di razza dovrà dimostrare se è capace di soffrire la fatica dell'ascesa, che impiomba le gambe e mozza il respiro, e di sopportare il freddo della discesa, che punge con mille aghi sottili e acuminati. Cose che loro due conoscono da tempo, e che gli hanno temprato i muscoli e indurito il cuore.

Oggi a Bolzano vedremo se Hugo il bello resisterà ai colpi micidiali che il vecchio e il campionissimo sicuramente gli porteranno. Chissà se colpiranno insieme il giovane avversario, per poi vedersela tra loro in un duello solitario tra le nevi della Sella e del Pordoi, oppure se cercheranno di abbattere in un colpo solo il giovane rivale e il vecchio nemico. Certo che a vederli pedalare sornioni dietro al sorridente Koblet, c'è da aspettarsi di tutto.

A Primolano quelli della Bianchi passano in testa al gruppo a tirare. Il generale ha dato ordini precisi: tenere alta l'andatura prima delle salite per stancare la maglia rosa. Anche Bartali manda avanti i suoi.

Le maglie gialle di Giovanino Corrieri e di Serafino Biagioni si mescolano a quelle biancocelesti di Milano, Carrea, Serse, Coppi, Impanis.

Attraversando il paese il plotone si sfila. Al rifornimento bisogna essere pronti come giocolieri, afferrare al volo la *musette* e mettersela a tracolla, in piena velocità, con le ruote che sfiorano le ruote degli altri. Infatti ecco uno sbandamento, Peverelli non vede Coppi, che lo sta superando alla sua sinistra. Non può vederlo, perché da quell'occhio non ci vede più. L'anno scorso al Tour, nella discesa dell'Iseran: una caduta spaventosa. Così gli rovina addosso. Stridore di freni, cozzar di metalli, urla, imprecazioni. In mezzo a quel groviglio di ruote, gambe, braccia e manubri, Fausto resta giù. Appena tentano di alzarlo, geme sfigurato dal dolore, non riesce a poggiare la gamba.

«Coppi è caduto!».

La voce corre sul filo: sopra i corridori, le ammiraglie, le motociclette e gli spettatori ai bordi della strada.

«Coppi si è ritirato!».

Ora contro Koblet c'è solo il vecchio.

Sui tornanti dal Rolle Robic Testa di vetro se ne va saltabeccando a piccoli scatti nervosi.

"Il solito" pensa Gino. Ormai conosce le sparate di Robic: rabbiose, ma di breve durata. Sa che bisogna lasciarlo sfogare, tanto si sfianca da sé.

Alla fine lo ritroverà con la testa ciondoloni quando il casco di cuoio gli peserà sempre di più a ogni chilometro. L'importante è tenere una buona andatura e non lasciargli troppa corda. Con Bartali ci sono Ferdy Kubler, Pasqualino Fornara, Nino De Filippis.

Koblet è la sua ombra. Sa che il vecchio è il più pericoloso.

Sul Pordoi Gino guarda a destra e a sinistra poi dà due o tre scossoni dei suoi. Hugo perde qualche metro sullo scatto, ma poi rientra in progressione, seduto in fondo al sellino.

«È un osso duro, fa come Fausto, rientra sempre tenendo il suo passo».

Il vecchio scende il Pordoi come sa fare, calibrando i tornanti a filo dei piolini. Ma il biondo elvetico va giù bene, forse meglio di lui. Fegato ne ha da vendere, riflessi pronti e tecnica.

«Questo in bicicletta ci sa andare».

Inizia il Gardena e il vecchio strappa ancora.

Il giovane cede: senza scomporsi, ma cede.

«È fatta, questa volta mi rivede a Bolzano».

Come pensava, trova Robic prima della vetta e lo lascia.

Lassù Bartali è primo, secondo è Koblet che sente già la maglia rosa sfilarsi di dosso. Non sorride più ora che lo ha ripreso anche il nasuto Ferdy Kubler, suo rivale, svizzero come lui.

Il celeste dei suoi occhi si è fatto più scuro, ora è un grigio intenso, come le nubi che hanno coperto i Monti Pallidi.

Testa di vetro non è ancora arrivato: in dieci chilometri perderà più di quattordici minuti.

Nella discesa il vecchio smoccola tremendamente per una gomma che lo ha tradito. Aspetta, maledicendo l'ammiraglia della Bartali, che non è riuscita a stargli dietro. Lui è lì con la sua ruota in mano e perde minuti preziosi.

«Accidenti a lui, dove si è infilato quel bischero!».

Koblet gli è addosso come un giovane falco.

Niente da fare: Bartali il Giro lo ha perso qui.

A Bolzano vince lui in volata, ma Hugo si può pettinare davanti ai fotografi e farsi baciare tranquillamente dalle miss della tappa.

«*C'est bon. Je suis très heureux.* Io dispiace molto di Coppì, *il est un champion*!».

La bocca larga di Guerra può ridere senza pudore.

Trento: ospedale di Santa Chiara, camera n. 20. Fausto è immobile su quel lettino bianco, il volto affilato; gli occhi affondati dentro le occhiaie scure, implorano tregua al dolore, che lo morde feroce fin dentro le anche e in fondo alla schiena. Triplice frattura del bacino.

Sente ancora sulla strada la voce di Ambrosini, che lo prende sotto le ascelle per sollevarlo, lui che tenta di appoggiare una gamba e l'urlo che gli esce dal petto. Un pugnale di fuoco gli trapassa la spina dorsale. Poi il sudore freddo e le voci di Tragella e Carrea che gli arrivano appena, un camice bianco che si dissolve nella nebbia e lui che si sente sempre più leggero, dentro una nuvola soffice di silenzio, prima che il buio lo avvolga.

La camera è in penombra, bussano leggero alla porta. È Ettore Milano con Gismondi e Serse, che gli porge un grande mazzo di gladioli rossi, quelli che danno al vincitore.

«Te li manda Gino».

«Ha vinto lui?».

Sì, ma in volata. Koblet ha sempre la maglia rosa. Fausto fa una smorfia che sembra un sorriso.

«Ringraziatelo, è stato gentile. Chissà se io ce l'avrei fatta con questo Koblet!».

Ma il dolore non gli dà tregua e non ce la fa più a parlare. Entra il medico di guardia, un dottorino dall'aria stanca.

«Scusi c'è un medico che chiede di vederla, è insieme a sua moglie. Si chiama Locatelli».

«Fateli entrare».

Gli occhi di Giulia non li potrà più dimenticare: verdi e azzurri come l'acqua del lago, con una luce intensa. Dal giorno dopo cominciarono a scriversi.

XX

Dove si racconta dei corridori italiani al Tour de France del '50; di quando vengono aggrediti dai tifosi francesi; dell'automobile nera che tenta di buttare Gino in un burrone; di quando la squadra italiana decide di abbandonare un Tour già vinto; e di quando Gino diventa l'Intramontabile.

«Italiani succhiaruote»: così i giornalisti francesi iniziarono il tiro al bersaglio sui corridori italiani, che si erano presentati al Tour del '50 con due squadre: i nazionali in maglia tricolore, guidati da Bartali e Magni, e i cadetti in maglia azzurra, capitanati da Astrua. Nelle tappe di pianura, sui terribili pavé delle Fiandre, sulle ventose strade della Bretagna e sulle assolate pianure della Borgogna *les Italiens* l'avevano fatta da padroni: dieci tappe, cinque vittorie. Entravano nelle fughe buone, stavano sulle ruote senza tirare un metro e vicino al traguardo schizzavano fuori imprendibili, oppure si imponevano in volata giocando sulla stanchezza degli altri. Era maglia gialla un certo Bernard Gauthier, regionale del Sud-est, ma Bartali e Magni gli stavano sotto a pochi minuti.

Giunsero ai Pirenei. Se ne scorgeva il profilo

azzurro all'orizzonte, oltre la foschia afosa dove il sole si scioglie sopra la pianura. A Lourdes Gino *le pieux* depose i suoi fiori ai piedi della Madonna, e pregò in ginocchio insieme ai suoi compagni.

«Che la Madonna ci protegga dalle disgrazie, che a vincere ci pensiamo noi!» disse Gino ai giornalisti. Certo che disgrazie gliene potevano capitare, soprattutto da parte dei tifosi francesi, messi su dai giornali. Le prime avvisaglie non erano state davvero buone. Gregari aggrediti alle fontane mentre riempivano le borracce, automobili italiane prese a calci e sassate; e poi gli sputi a Biagioni, i pugni a Magni, lo strappo del numero alla maglia di Salimbeni.

Il peggio doveva venire sui Pirenei. Sull'Aubisque cominciarono gli insulti e le minacce.

«*Italiens salauds!*».

«*Féneants!*».

«*Macaronì!*».

«*Mussolinì!*».

Sul Tourmalet era in fuga il regionale Piot, quando Bartali scattò a metà salita per andarlo a prendere. Fu allora che alcuni scalmanati gli arrivarono addosso, con i pugni sul viso. Bartali saliva con una mano sul manubrio e l'altra pronta a menare qualche cazzotto ai più vicini.

Capì subito che era meglio salire in compagnia e si fece riprendere dal gruppetto degli inseguitori. Proseguì con il belga Ockers, lo svizzero Ferdy Kubler, i francesi Louison Bobet e Robic. In discesa Robic rovinò sul ghiaino e perse più di tre minuti. Sugli assolati tornanti dell'Aspin la folla li stringeva in un tunnel di spinte, sputi, pugni e sassate.

Le bottiglie volavano rompendosi per terra a pochi centimetri dalle ruote. Bobet, Ockers e Kubler tenevano Bartali nel mezzo e salivano picchiando a destra e a manca con le pompe delle biciclette. Anche il piccolo Testa di vetro, che era rientrato sui primi, si divincolava come un ossesso imprecando e menando i pugni con le corte braccia. Sulla moto della polizia arrivò Goddet, agitando un grosso bastone sulla testa dei più esagitati e riuscendo così ad aprire un varco ai corridori. Verso la cima, Gino si staccò ancora. Procedeva a strappi con la sua pedalata potente, quando un energumeno in canottiera si catapultò giù da un tornante e gli fu addosso. Gino finì a terra, qualcuno gli buttò la bicicletta sul ciglio della strada, un paio gli vennero sopra. Lui si difese a pugni e a calci con rabbia. Testa di vetro scese di bicicletta e gli dette mano. Piccolo e incazzato, si gettò d'impeto e scaraventò la bici sugli assalitori, al punto che ne uscì con la ruota spezzata. Li salvò ancora Goddet roteando il suo terribile bastone.

«Figli di cani, lasciateli stare!» urlava.

Nella discesa una Citroën nera superò Bartali e sulla curva lo strinse verso l'esterno.

Il vecchio non fece l'errore di frenare, anzi accelerò e passò su una striscia di pochi centimetri appena, sfiorando il precipizio, finché non superò l'auto omicida.

«Gino, la Madonna ti ha voluto bene!» gli disse un amico, la sera quando lui raccontò il fatto.

«Eppure una mano mi ha tenuto sulla strada; l'ho sentita davvero!» gli rispose.

Bartali vinse la tappa di Saint-Gaudens scattando sull'ultimo chilometro in leggera salita e Fiorenzo Magni prese la maglia gialla. In salita aveva perso qualcosa, ma in discesa era venuto giù senza aprire il paracadute.

«*Les italiens*, ancora *les italiens, il n'est pas possible*!» dissero i francesi.

Gli italiani erano acquartierati all'Hotel de France di Loures-Barousse, un paesino a quindici chilometri da Saint-Gaudens, dove la domenica i fidanzati vanno a ballare e i pescatori gettano l'amo nelle chiare acque del torrente, che scorre lì sotto.

La cena era finita, ma loro erano ancora a tavola, quando Gino si alzò e li guardò serio. I compagni lo fissarono con il fiato sospeso.

«Ragazzi, mi dispiace, ma io non posso continuare. La vita non la posso rischiare. Mia madre e mio padre non hanno fatto altro che piangere dal giorno che sono venuto qui. Voi fate come vi sentite di fare. Io mi ritiro. E poi quando uno ha perduto il morale, non può correre».

Quando uno per paura è costretto a non scattare per non rimanere solo, non è più uno sportivo, è un povero diavolo, e non gli rimane altro che tornarsene a casa.

Nessuno rifiatò, solo Alfredo Binda disse: «Ragazzi, ora andiamo a letto. Dormiamoci sopra, domattina si decide».

Il più triste era Magni, che quella sera ripiegò sconsolato la sua maglia giallo canarino e la mise in valigia quasi piangendo. Tutti capivano che la decisione di Bartali valeva anche per loro. Pochi dormirono quella notte. Mezzanotte era già passata da un pezzo, quando Bartali, sotto l'obbiettivo dei fotografi e degli operatori cinematografici, accendendosi l'ennesima sigaretta, ordinò al cameriere *pain et jambon.* Il suo Tour era finito.

Il mattino dopo Goddet entrò nella hall dell'albergo a grandi passi, seguito da Levitan e Tillet.

«Dov'è monsieur Binda?».

«Eccomi».

«*Il n'est pas possible*» continuava a ripetere Goddet «*les italiens* devono restare!».

Binda glielo spiegò che Bartali aveva deciso così e che tutti sarebbero andati a casa con lui. Del resto Goddet ci doveva pensare prima.

«Chi semina vento, raccoglie tempesta» gli disse l'Alfredo nel suo ottimo francese. I primi articoli contro gli italiani succhiaruote li aveva scritti proprio lui: il direttore dell'*Équipe*, il "patron" del Tour.

Era una mattina che brillava sotto il sole dei Pirenei e tutti poterono vedere Gino Bartali, insieme a Giovannino Corrieri e Serafino Biagioni, arrivare alla stazione di Loures-Barousse con le valigie in mano; poi arrivarono anche gli altri, tricolori e cadetti, fin sotto la pensilina.

Per loro il capostazione fece aspettare il treno.

In calzoni lunghi, camicetta bianca a maniche corte, nero di sole, ben pettinato, stempiato, nasuto e sorridente, il vecchio sembrava un muratore in vacanza, non uno che lasciava un Tour de France già vinto.

Da allora lo chiamarono l'Intramontabile.

XXI

Dove si racconta di Fausto e della sfortuna che lo colpisce; della morte del fratello Serse che corre nella Bianchi insieme a lui; della decisione di andare al Tour del '51 e di quando va in crisi nella tappa di Montpellier.

«È in coma, va portato subito all'ospedale!» disse il medico.

«È caduto a pochi chilometri dal traguardo» lo informò Fausto. «Ma si è rialzato. In albergo ci è arrivato in bicicletta».

«Ha battuto la testa, è grave».

In clinica tentarono l'operazione. Quando lo riportarono dalla sala operatoria respirava ancora, ma non aveva ripreso conoscenza. Un'ora dopo smise anche di respirare.

Fausto lo chiamò, prima forte, come se volesse svegliarlo da quel sonno profondo, poi piano piano, vicino all'orecchio coperto dalla fasciatura, che gli avvolgeva il capo.

«Serse non mi lasciare. Lo sai che devi venire con me al Tour».

Fausto non dormì niente.

Leoni e Bevilacqua vegliavano in piedi ai lati del letto dove Serse riposava per sempre.

Fausto stette seduto con la mano sopra la sua, fino a giorno.

Erano stati sempre insieme nella Bianchi, da quando ripresero a correre, dopo la guerra.

Se ne andava con la sua pedalata sghimbescia per via della gamba destra più corta, dopo l'incidente che gliel'aveva spezzata. Scherzava sempre con tutti come un ragazzo.

Fu famoso solo una volta: nella Parigi-Roubaix dell'anno prima. Fausto non dimenticò più il suo sorriso bianco sulla fascia nera di fango e il mazzo di fiori che non sapeva dove mettere.

«Ci somigliamo in tutto, di Fausto mi mancano solo le gambe!».

Scherzava così sulla superiorità del fratello, che non invidiò mai. Gli bastava sapere che per Fausto lui era indispensabile. Due giorni prima aveva detto a un giornalista francese: «Fausto mi porta al Tour solo se gli sono utile davvero».

La salma fu esposta in clinica per tutta la giornata. Fu un via vai di compagni, amici, tifosi. Rodoni, il presidente dell'UVI, non ha il coraggio di parlare a Fausto del Tour, che partirà tra due giorni.

«Se Coppi non va al Tour, lo perdiamo per sempre».

Alle nove e un quarto lasciarono Torino.

Le macchine seguono l'autofurgone funebre ad andatura ridotta sull'asfalto lucido di pioggia. C'è anche il signor Merlano con la moglie. Sono i padroni del negozio di salumi dove Fausto andò garzone.

A Moncalieri due motociclisti della stradale si mettono davanti. Villanova, Asti, Alessandria, Tortona: la gente attende da ore sotto la pioggia battente. Tre o quattro volte si fermano.

Fiori e bandiere delle società sportive. Qualcuno si inginocchia. A mezzanotte la fila delle auto morde il fango su per le curve di Castellania.

Piccole lucine tremolanti brillano lontano. Sono le candele che le donne hanno messo sui davanzali delle finestre.

Gino arrivò la mattina dopo con Biagioni e Corrieri.

Una piovigginosa domenica estiva su per la strada che va a San Biagio, il piccolo cimitero accanto alla chiesa.

Qui riposano i Coppi: il nonno Angelo e, ultimo, papà Domenico. Era morto nel '41, prima che Fausto partisse per l'Africa.

Gino e Fausto non ebbero quasi il coraggio

di guardarsi. Come se anche il dolore creasse tra loro una invisibile barriera, che l'abbraccio non sciolse.

La bara fu portata a spalle da casa fino al cimitero. In quattro per volta si avvicendarono: Livio e lo zio Giuseppe, i compagni di squadra, Leoni, Bevilacqua e Louison Bobet, insieme al fratello Jean.

Anche Vittorio, il nipotino di undici anni, volle gettare un pugno di terra sulla bara dello zio. Quando la sera va a letto Vittorio non vuole mai togliersi la medaglia bianco-celeste che Fausto e Serse gli hanno regalato.

Nel pomeriggio Livio chiamò Fausto nella stanza di Serse e gli parlò: «Devi andare al Tour, Serse l'avrebbe voluto».

Quando Fausto scese in cucina, aveva deciso.

«Vado al Tour, ora devo mangiare».

La sera prima di partire per Parigi, Marina gli chiese: «Papà mi porti un regalino?».

«Vuoi una bambolina?».

«Portami la maglia gialla».

«Non è per te».

«Ma l'altra volta che ero piccola me la portasti!».

«Allora accontentati di quella. Questa volta ti porterò una bambola bellissima, che apre e chiude gli occhi!».

A metà strada tra Carcassonne e Montpellier, Abdel Kader Zaaf schizzò via dal plotone che affondava lento nella pianura infuocata. Non fa paura a nessuno l'algerino della squadra del Nordafrica, eppure escono a prenderlo Geminiani e Koblet, due pezzi da novanta.

Coppi capisce al volo e scatta con Milano alla ruota. Sull'ammiraglia del direttore di corsa Goddet sventola la bandierina rossa. È il segnale alle auto e alle moto del seguito di lasciare libero il passo ai corridori.

Li separano quattrocento metri, ma non riescono a prenderli. Koblet e Geminioni rimpiccioliscono sul lungo rettilineo tra i vapori caldi dell'asfalto, fino a scomparire.

Fausto chiede la borraccia, se la versa tutta sul capo.

Milano lo guarda e capisce. Ci siamo: dopo giorni di agguato l'*homme au marteau* ha colpito.

Fausto era arrivato fino a Carcassonne sulla scia di Koblet. Sui tornanti del Tourmalet e dell'Aspin aveva staccato il biondo rivale, ma quello era sempre rientrato in discesa. A Luchon l'elvetico aveva vinto in volata e si era preso la maglia gialla. Tra i due c'erano solo pochi minuti, che al Tour non sono niente. Ma era un Coppi diverso.

Cotto dal sole sembrava ancora più magro, il

naso affilato sporgeva sugli zigomi aguzzi, i grandi occhi assenti dentro le occhiaie scure, nascosti dagli occhiali da sole.

Ma quando sembrava ormai vinto da una stanchezza estrema che gli consumava l'anima, dopo giorni disperati e notti senza sonno, un bagliore improvviso gli guizzava negli occhi e decollava in uno dei suoi scatti ai quali nessuno poteva resistere. Poi si afflosciava e ritornava a pedalare per forza d'inerzia, come ora. Nell'aria gialla di mezzogiorno, le sue gambe vuote girano senza forza.

Il plotone gli passa addosso e lo lascia più solo di prima nell'afa che schiaccia i polmoni.

Vomitava rannicchiato sulla bici. Biagioni lo guarda piangendo e cerca di coprirlo dagli sguardi indiscreti. Fausto si ripulì con l'acqua, si sfilò il casco e lo dette a Salimbeni che se lo buttò sulla testa di sghimbescio.

Binda gli era vicino. Aveva fermato tutta la squadra, eccetto Bartali e Magni che, pancia a terra, inseguivano i primi.

«Sto male, mi ritiro».

«Vai avanti, coraggio, vedi di arrivare».

«Non ne posso più».

«Coraggio, ti passerà».

Restarono in quattro con lui. Pedalava piano, si

spengeva quasi dolcemente, sotto quel sole implacabile. Volle mandar via Salimbeni e Franchi. Se ne andarono a malincuore, voltandosi indietro più volte. Dopo qualche chilometro li ritrovarono fermi ad aspettare.

Sul Col de Barraque l'aria è immobile e cantano le cicale. La gente sui bordi della strada lo segue con occhi increduli.

«*Qui est qui l'y a Coppì?*».

«*Il est fatigué*».

«*Fostò? Il ne pas possible!*».

«*Il va rien!*».

Koblet ha vinto la tappa. Bartali e Magni non ce l'hanno fatta a riprendere i primi.

«Dov'è Binda?» urla Gino scendendo di bici. Non ha avuto il rifornimento perché l'ammiraglia si è fermata a un passaggio a livello.

Si sente abbandonato. Tutta la squadra per Coppi, inutilmente. Lui e Magni soli a inseguire. Sfoga la sua rabbia anche contro la giuria.

«Voglio vedere se hanno il coraggio di rimetterlo in gara! Se lo fanno, mi ritiro io!».

Dopo trentatré minuti dal primo, arrivano Coppi e i compagni. Ce l'hanno fatta. Molta gente ha aspettato commossa e lo applaude. Lui scende di bici con un sorriso stanco: «Non vado più».

In camera, dopo le prime cure, Fausto riposa. Poi riceve gli amici e i giornalisti. È seduto sul letto, accanto c'è Bruna, che lo accompagna fin dall'inizio del Tour.

C'è anche Raphael Geminiani, romagnolo di Francia, che in Italia corre nella Bianchi. Un volto espressivo, bruno, dai tratti scolpiti; è in canottiera, con la mano appoggiata alla testata del letto, un letto di ferro nero con le palle in cima.

Il telefono è fissato al muro. Sopra il comodino di metallo: un termos, una bottiglia di acqua minerale e il solito pacco di lettere di tifosi che gli giungono da tutto il mondo.

Anche Fausto è in canottiera, ha i calzoni del pigiama tirati su fino al ginocchio, un braccio alzato all'indietro, con la mano si tiene alla testata del letto.

L'interno del braccio è bianco, dall'avambraccio al gomito una lunga garza fermata dal cerotto. Il braccio sinistro è appoggiato sul letto, il dorso annerito dal sole.

Poi il bianco del torace, carenato come quello di un uccello migratore. Il volto è un triangolo appuntito, scuro e scavato, il ciuffo dei capelli neri sulla fronte, lo sguardo addolcito dal dolore.

«Come stai?».

«Ora va meglio. Così male non sono mai stato».

«Vedrai che domani starai meglio».

«Spero che il peggio sia passato».

«Ti è già successo e poi hai vinto lo stesso».

«Ora è diverso. Comunque questo è il mio mestiere. Se non andrò più, farò il gregario; non c'è niente di male».

Bruna cominciò a piangere.

«Fausto non dire così, non lo meriti. Cosa hanno fatto gli altri per te?».

«No, questo non lo devi dire. E poi lo so che tu vuoi che smetta».

Ogni volta che Bruna parlava così, Fausto si infastidiva. Dopo la morte di Serse, tra loro due si era rotto qualcosa.

Qualche giorno dopo li vediamo scendere insieme le scale di un albergo.

Lei sorride guardando il fotografo, ha preso Fausto sottobraccio. Lui scende serio, guardando gli scalini come se fosse solo. Bruna rientrerà in Italia prima che il Tour finisca. Fausto arriva a Parigi: in classifica generale è ventiquattresimo. Sulle Alpi, per un giorno, è stato ancora il campionissimo.

È arrivato solo a Briançon, dopo una fuga di centotrenta chilometri, attraverso il Vars e l'Izoard.

La “signora dai denti verdi” gli ha sorriso, ma lui l’ha guardata negli occhi fondi come l’abisso, senza mai abbassare lo sguardo.

XXII

Dove si racconta di Fausto che non vuole andare al Tour del '52 insieme a Gino; del fatto che poi ci vanno; di Fausto che vince e di Gino che lo aiuta.

«Non ci vado» disse Coppi guardando verso Bartali e Magni «è meglio che vadano loro».

Poi si chiuse dentro le spalle, guardando il pavimento.

«Cosa c'è che non va?» chiese Rodoni.

«Non me la sento di fare come l'anno scorso».

Girò lo sguardo verso Bartali.

«Tu e io abbiamo un modo diverso di correre».

Gino tentò di convincerlo.

«È vero Fausto, ma io vengo per aiutarti. Ho promesso di collaborare e lo farò».

«È inutile, dici sempre così. Però ognuno poi fa quello che vuole. Andate voi, è meglio».

Gino si alzò, allargò le braccia lasciandole poi ricadere sui fianchi.

Nessuno parlò più e uno alla volta se ne andarono.

Il giorno dopo, grandi titoli sui giornali: "Niente Tour per gli italiani Bartali e Coppi: divorzio".

Binda se lo sentiva. Coppi aveva vinto il Giro alla grande e ora gliela faceva pagare. Sicuramente non aveva dimenticato quello che Bartali aveva detto l'anno prima al traguardo di Saint Malo.

Nei pochi giorni che seguirono, tutta la diplomazia ciclistica si mise in movimento e alla fine lo convinsero ad accettare Bartali in squadra.

Il 2 luglio la squadra italiana prese il treno per Brest, da dove partì il Tour de France del '52.

Partì anche Cavanna. Avrebbe seguito Fausto per tutto il Tour. Ogni mattina sarebbe salito a bordo di una *camionette*, al rifornimento avrebbe atteso Fausto, per aspettarlo poi in albergo dopo l'arrivo della tappa.

Da Brest la forte brezza dell'Atlantico spinge il plotone fino a Rennes, poi a Le Mans e infine a Rouen. Lunghi rettilinei che tremano sotto il sole. Ondulazioni dolci che lacerano i muscoli a quelli che si sganciano dal plotone, lanciato a più di quaranta all'ora.

I pirati delle squadre regionali vanno, come sempre, all'arrembaggio. Si sganciano dal plotone, lanciato a più di quaranta all'ora, sconquassano le biciclette sulle pietre del pavé, mangiano la polvere nera delle banchine, fino a che qualcuno si schianta sui bordi della strada, cotto dalla simpamina.

Ma a Roubaix è l'attacco dei nazionali di Francia a lasciare il segno.

Gli italiani non hanno reagito e hanno perso minuti preziosi. Bartali si è imboscato sornione in mezzo al gruppo dei più. A cena Coppi avverte Binda: «Se domani quello continua così, io faccio le valigie».

«Invece tu domani attacchi e così chiudiamo la questione!» esclama Binda che non ne può più.

Sull'asfalto scuro che porta a Namur, appena la strada accenna a salire, Coppi lascia il gruppo e va all'inseguimento del lussemburghese Dieterich, che viaggia con più di otto minuti. Cinquanta chilometri che Fausto divora come una locomotiva. Alle porte di Namur, quasi raggiunge il fuggitivo.

«*Dans le feu de l'action Coppì, l'enfant royal, ce soir a gagné le Tour!*» dicono alla radio francese.

Da oggi il capitano indiscusso della squadra italiana è lui.

Il serpente multicolore si snoda sinuoso sulle strade della Lorena. A Metz vince Magni. A Nancy, *contre le montre*, Coppi è il migliore. Arrivano i corridori a uno a uno sull'immenso piazzale di fronte al palazzo regale con le cancellate dorate che brillano al sole. Attraverso l'Alsazia costeggiano il Reno, che scorre largo e lento tra i giganteschi ponti di ferro, le geometrie morbide dei vigneti e i solidi bunker di cemento grigio, di quella che fu la inutile linea Maginot.

Così il Tour si avvicina alle Alpi.

A Losanna, sorpresa: Carrea è maglia gialla.

Andrea Carrea, detto Sandrino, è nato a Gavi, vicino a Castellania, cresciuto alla scuola di Cavanna. Da sempre è lo scudiero di Coppi.

Forte come un cinghiale, ha le mani grandi e nodose del contadino, la pelle bruciata dal sole, le rughe gli segnano il viso da quando era un ragazzo e un nasone a pisciainbocca che si tocca con la bazza, come i vecchi del suo paese.

Fausto gli tiene il braccio sulla spalla e sorridendo quasi lo consola.

Il giorno dopo sull'Alpe d'Huez fu Testa di vetro a provocare con i suoi scatti epilettici, laddove la strada si alza verso il cielo bagnato di luce azzurra, tra i pascoli profumati di fieno tagliato di fresco.

Ma quando Fausto planò silenzioso su di lui spianando la salita sotto le sue ruote lucenti, per Robic la corsa era già finita. Biquet, così lo chiamano i francesi, si divincolò per un paio di tornanti, poi cedette di schianto.

Gridavano i francesi.

La maglia gialla vestì i suoi fianchi fragili. Più sotto di qualche chilometro, Cavanna scese dalla *camionette* rimasta senza benzina, e proseguì a piedi facendosi strada con il suo bastone bianco. Sentì i francesi che gridavano il nome di Fausto.

«Fostò, Fostò».

«Bravo!» disse Cavanna e la sua voce si confuse con il rumore delle auto che risalivano verso il traguardo.

Tutti i giorni, da allora, una maglia gialla nuova da indossare, gialla come le stoppie sui campi riarsi di quel luglio torrido, come l'oro dei biondi capelli raccolti in una treccia morbida a chignon, sulla nuca di quella giovane donna fotografata di spalle mentre lo bacia al traguardo, dorata come la luce che inonda le strade, i paesi e le città di Francia.

È caldo anche sul Galibier e sul Sestriere, bianchi di polvere. Lassù c'è gente che aspetta da ore in canottiera, sotto i cappelli fatti con i giornali, per ripararsi dal sole. Il primo è sempre Fostò. Così ormai lo chiamano confidenzialmente i francesi, che non s'incazzano più.

Apo Lazaridès, fratello di Lucien, lo chiamano "il ragno" da come si arrampica sulle salite più dure. Anche lui ha tentato di andarsene laddove gli abeti diventano più piccoli e più radi, ma la maglia gialla gli è arrivata alle spalle silenziosa e spietata con la sua aria malinconica e gentile, ed è scomparsa dietro la curva.

Il vecchio Gino ormai combatte da solo la sua lotta contro il tempo inesorabile che gli assottiglia le forze. Eppure non cede mai, neppure quando la sfortuna lo coglie. Scendendo il Galibier, l'ha urtato la jeep della squadra spagnola e lui è rovinato sul ghiaino. Si è stracciato la coscia, ma lacero e sanguinante ha continuato, brontolando tra sé.

Solo il meccanico Lupo ha sentito la sua voce roca.

«Ormai non vado più».

Passarono la Val d'Isère fino ad Aix le Bains, ai piedi della Savoia. Dalla Côte d'Azur alla Provenza, costeggiarono il mare turchino, immersi nel profumo delle tignamiche e del rosmarino. Prima fu Magni a dare la ruota a Fausto che aveva forato, poi nella discesa del Col di Castiglione, giù verso Monaco, fu Bartali.

Quella foto fu su tutti i giornali. Gino curvo sulla bici, il viso girato verso Fausto mentre gli porge la ruota. Fausto che la afferra e alza la forcella per sistemarla. Dietro, l'Alfa azzurra di Binda che arriva e Pinza che scende con le ruote in mano.

«Grazie Gino».

Poi Fausto andò in testa al gruppo a frenare l'andatura. Ogni tanto si girava indietro. Solo quando da una curva vide spuntare la maglia tricolore di Bartali rientrò dentro il plotone.

Ad Avignone la strada rientra dentro la pianura, lasciando la dolce brezza del mare. I polmoni cuociono a fuoco lento nell'assolato meriggio. Il Mont Ventoux si avvicina fatale: orrido e fascinoso. Si allunga la fila delle formiche aggirando il massiccio, da ovest a est.

Ventuno chilometri che si arrampicano sui fianchi tondeggianti di una montagna sempre più nuda, bianca e sassosa, che domina un mare ondulato di colline sino al limite dell'orizzonte. Sotto il fuoco di un sole accecante, cola l'asfalto nero e le gomme si appicciano. A sinistra il burrone continua giù in una conca arida, a destra un roccione giallo, lunare.

È ancora lui, Testa di vetro.

Il piccolo bretone che non ha mai paura, fa girare svelto le sue zampette sull'agile rapportino. Così scivola via la sua immagine sul tremolio dell'aria calda che l'asfalto evapora. Geme il tubolare di Fostò che scende di bici. A Gino, che sta per fermarsi, dice di seguire Robic, a lui ci penserà Carrea che viene su lento ma senza affanno. Ma Biquet questa volta non lo prende nessuno.

Non Fausto, non Gino, né Geminiani, detto Gem, che l'altra sera in albergo gli ha infilato la testa dentro il lavandino, dopo un litigio dei soliti. Sgraziato e bruttino, Biquet ha già passato la cima e cala giù per le curve assolate. Non lo acceca il sole, non lo asciuga la sete, non lo strema la calura. Questa volta l'ombra silenziosa e fatale di Fausto è lontana. Il suo è un pomeriggio senza ombre. Si seppe dopo che Robic era sceso più svelto perché aveva riempito di piombo le due borracce che teneva sul manubrio.

L'ultimo dei giganti è il Puy de Dome, un vulcano spentosi tanti secoli fa: roba da camosci. Oggi è il compleanno di Gino. Tutti i compagni pensano allo stesso regalo: la vittoria di tappa. Tutto sembra mettersi per il meglio.

A due chilometri dal traguardo il vecchio è in testa con l'olandese Nolten alla ruota.

"Ora" pensano "Gino lo stacca, quello spilungone biondo".

Invece fu l'olandese che allungò sui pedali le

sue gambe di cicogna e si allontanò. Il vecchio scattò torcendosi allo spasimo, ma perdeva terreno, inesorabilmente.

Mancava un chilometro appena, Nolten saliva oscillando e vedeva quasi lo striscione del traguardo in fondo al tunnel dei tifosi, quando sentì dietro di sé un respiro e il lieve ronzio della catena. Era Fostò.

Così finì il sogno dell'olandese.

Gino arrivò terzo ed ebbe gli auguri dei compagni, di Binda e di Fausto che gli regalò i fiori del vincitore. Il vecchio li guardò e sorrise amaro: «A trentotto, gli è dura ragazzi!».

Il Parco dei Principi è il velodromo più famoso del mondo.

I parigini per le grandi occasioni lo riempiono sempre.

Il parquet è di legno rosa. Ci furono tanti giri d'onore: per la squadra italiana, per Coppi e Bartali insieme, per Fostò da solo. Sembrava fatto d'aria, la fatica l'aveva reso trasparente, la gioia luminoso.

XXIII

Dove si racconta dell'impresa di Fausto sullo Stelvio; della storia di Fausto e Giulia; e di quando il Campionissimo a Lugano veste la maglia dell'arcobaleno.

Strani silenzi, occhiate allusive, parole abbozzate sottovoce nel clan della Bianchi, alla partenza da Bolzano.

Fausto evita di guardarsi intorno, tiene gli occhi bassi sulla bicicletta, prova la leva del cambio, tira i freni, tasta il tubolare della ruota davanti. Non una parola.

«Il Giro è tuo» ha detto ieri, quando Koblet lo ha raggiunto. Se ne era andato sul Pordoi e per un po' aveva sperato, ma nella discesa lui recuperò. Convinto che ormai era fatta, Koblet gli ha lasciato vincere la tappa.

Il campionissimo è stanco, ma nella Bianchi non si sono rassegnati. Tragella non molla, Zambrini ha sparato una cifra da capogiro. In classifica neppure due minuti e lo Stelvio da fare. Milano e Carrea insistono.

«Fausto, lo Stelvio è lungo, quello lì lo stanchi e non recupera più».

«Ci ho provato, è inutile».

«No Fausto, sul Pordoi l'ho visto io: sopra i duemila quello non respira bene».

Ma Fausto non rispose e se ne andò in camera. Cavanna lo massaggiò in silenzio, ma lui capì lo stesso che la pensava come gli altri. Dormì un sonno inquieto e si alzò con animo incerto.

Da Bolzano a Bormio sono centoventicinque chilometri.

Lo Stelvio è la montagna più alta della storia del Giro: 2.780 metri sul livello del mare. Trentotto tornanti che salgono per venti chilometri senza respiro, quarantacinque che scendono, sinuosi come le spire di un lungo serpente, che si avvolgono intorno alla montagna immensa.

Già prima di arrivare ai piedi del gigante, i Bianchi attaccano. Con un treno oltre i quaranta, sfilano il plotone che risale la valle baciata dal sole in un cielo senza nuvole.

Finisce l'asfalto e le gomme sfrigolano sul ghiaino, sui primi tornanti che tagliano i prati chiazzati di neve.

Koblet, maglia rosa, è in testa alla fila, alla sua ruota c'è Bartali, poi Fornara, Carrea e De Filippis, il Cit, che in torinese vuol dire ragazzino. È lui che al terzo tornante salta sui pedali ed esce dal gruppetto. Ha la dinamite nei polpacci, il Cit.

Koblet non va a prenderlo, Fausto passa in testa e forza un po' l'andatura, poi si volta verso lo svizzero.

«Non vai a prenderlo?» gli chiede, ma lui non risponde.

«Vai Fausto!».

L'urlo di Carrea lo scuote e si alza sui pedali. Gli bastano due tornanti per riprendere il Cit e lasciarlo.

Guarda giù: Fornara è scattato, Koblet sale muovendo le spalle: brutto segno. Più sotto la maglia gialla di Bartali.

Sull'ammiraglia della Bianchi sono tutti in piedi.

«Dai Fausto!» gli urla Tragella.

Pinza sta immobile con la ruota in mano, pronto a saltar giù in caso di foratura.

Siepi di tifosi sopra le curve gridano il suo nome.

Lui prosegue chiuso nel silenzio della sua fatica, che il suo stile sa rendere leggera. Ha lo sguardo assente, senza un bagliore della sua rabbia antica. La strada si fa più stretta: quasi una trincea tra muri di neve. Qualcuno vi ha scavato con le mani una scritta che il sole ha sbavato appena: W FAUSTO.

Va su regolare, ogni tornante è una tregua breve. Ancora gocce di energia stillano dalle fibre dei suoi muscoli stanchi.

Poi l'immagine di Giulia si stacca dal muro bianco di neve e gli va incontro: i suoi occhi e il suo sorriso.

«Forza Fausto!».

Lui vuole rispondere qualcosa, ma gli riesce poco più di una smorfia. In cima l'aria è pungente. Ora sente di nuovo la voce di Tragella.

«Sei maglia rosa. Giù Fausto, giù. Alla morte!».

Il tempo di rialzarsi sotto lo striscione del GPM, di mettersi un giornale sotto la maglia e di attaccarsi alla borraccia che Cavanna gli ha preparato. Poi la discesa: interminabile.

Nel candido tunnel, tra i muri di neve scende, vedendosi come in un film. Cosa gli avranno messo in quella boccetta!

Vede quasi la strada appianarsi e le curve che si allargano, ma lui sa che non è vero. Deve frenare se non vuole infilare dentro la neve. Il freddo gli ha congelato i piedi e le mani. La testa è chiusa in un cerchio di gelo. Spera solo che finisca presto.

Venivano da Siena. Appena scesi dal treno il babbo prese il ragazzo a braccetto: «Svelto Franchino, c'è il Giro...».

E con passo veloce furono al bar della stazione di Santa Maria Novella. Il sole di giugno entrava dalle vetrate di Michelucci. Seduti ai tavolini sotto gli affreschi di Rosai e in piedi al banco tra odore di caffè e fumo di sigarette, la gente ascoltava la radio.

«Amici sportivi in ascolto, è Mario Ferretti che vi parla da Bormio, dove è posto l'arrivo della diciottesima tappa del Giro d'Italia: la Bolzano-Bormio, di centoventicinque chilometri. Mancano dieci chilometri al traguardo. Un uomo solo è al comando. La sua maglia è biancoceleste. Il suo nome è Fausto Coppi».

«Faustino!».

Fu allora che il babbo abbracciò il suo ragazzo e pianse di gioia.

Koblet arrivò in cima ciondolante ed esausto. Si gettò disperato lungo quei tornanti scoscesi e cadde due volte sullo sterrato.

Giunse a Bormio sanguinante, i begli occhi azzurri arrossati di fatica e di pianto. Fornara fu secondo, Bartali terzo.

Quando il vecchio scese di bicicletta e seppe di Fausto, bofonchiò: «Bravo, ce l'ha fatta! Però oggi Koblet non era lui».

Gino era fatto così.

Nella camera del piccolo albergo Fausto ha voluto restare solo. Ha posato la maglia rosa sulla sedia accanto al letto.

Questa volta la fatica ha scavato più a fondo.

Che sarà che ogni volta sente più freddo?

Solo i suoi occhi e il suo profumo possono sciogliere questo freddo scuro che gli sale al cuore.

Vuole un bacio stasera e glielo chiede, appena Giulia è entrata, chiudendosi la porta alle spalle.

Glielo dà sulla guancia, leggero come una carezza, lui gli sfiora le labbra.

«Ma Fausto, non siamo più due ragazzi!».

«È il bacio che spetta al vincitore».

Giulia lo guarda.

«Ma lei non è felice stasera. Eppure ha vinto».

«Tutto questo non è niente».

«Non dica così».

«Lo so che è così».

«Ma lei ha la sua famiglia, i suoi amici».

«Io non ho nessuno».

Giulia lo accarezzò sulla guancia e gli dette la mano, prima di chiudersi di nuovo la porta dietro le spalle. Una mano che lasciò tra le sue, un attimo di più.

Due giorni dopo sul parquet del Vigorelli ci furono applausi e fiori per la maglia rosa.

Fausto aveva negli occhi un sorriso nuovo. Fece portare i suoi fiori a Giulia, poi salì sul bordo superiore della curva rialzata e si appoggiò alla rete, per darle la mano. Dentro ci lasciò un biglietto: «Domani alle quattro alla stazione di Tortona».

Fu il primo appuntamento.

Il secondo fu sulle Alpi francesi per vedere il Tour.

Clavière è il paesino alla frontiera dove si fermarono la notte, in un albergo di montagna, con i gerani sui davanzali delle finestre.

Era il 21 luglio 1953.

Qualche giorno dopo Giulia e Fausto apparvero insieme in una foto su un settimanale francese mentre guardavano passare i corridori.

Giulia è vestita di bianco, Fausto ha i calzoncini blu e la maglietta azzurra.

È una strada di montagna, si vede dagli abeti e dalle rocce.

A Lugano Fausto si allena per il Mondiale. Ora Giulia sta sempre con lui. Tutte le mattine lui esce dall'albergo e va incontro ai suoi compagni di squadra a provare il percorso. Non è mai andato così forte, dicono i suoi.

Dopo l'allenamento Cavanna lo aspetta per il massaggio, poi Fausto scompare fino al mattino dopo.

Cavanna sa e tace. Ora conta solo il Mondiale. Fausto sembra volare. È sicuro che questa volta vincerà.

Fausto gli ha detto che gli darà i soldi per l'operazione agli occhi e forse ci vedrà di nuovo. Lui ci spera, ma se dovesse scegliere tra il Mondiale e la vista, sceglierebbe il Mondiale.

Il punto decisivo è la Crespera: una salita breve ma dura, da ripetere tredici volte. Al decimo giro Coppi va via con il belga Derijcke, che per due giri gli si attacca alla ruota con la forza della disperazione. All'ultimo passaggio sulla Crespera lo stacca e gli dà sei minuti. Arriva con le mani staccate dal manubrio, le braccia lungo i fianchi, la maglia azzurra fradicia di sudore, i capelli spettinati sulla fronte e gli occhi che gli brillano intensamente, illuminandogli il volto trasfigurato da una felicità incontenibile.

Sul podio del vincitore depose il mazzo dei gladioli.

Aveva già indossato la maglia dell'arcobaleno quando si volse verso Giulia, che gli sorrise.

XXIV

Dove si racconta di Fausto che non vuole Gino al Tour del '53; della protesta dei tifosi fiorentini; di quando Gino vince il Giro della Toscana e va al Tour senza Coppi; di quando va all'ospedale per un incidente automobilistico, ritorna alle corse e poi attacca la bicicletta al chiodo.

Don Cubattoli svoltò da via del Leone e fermò la bici in piazza Piattellina, proprio di fronte al bar del Gobbo.

Il sudore gli imperlava la fronte, stempiata per l'incipiente calvizie, e gli colava sugli occhiali. Erano occhialini tondi di metallo cromato con le stanghette flessibili che gli giravano dietro gli orecchi, così non gli scivolavano sul naso quando correva in bicicletta.

I ragazzi di San Frediano lo chiamavano don Cuba. Sulla sua bici da corsa, una Legnano con il cambio Campagnolo, non aveva paura di nessuno e sfidava chiunque si azzardasse a mettere in dubbio la sua fama.

Si può dire che in bicicletta ci fosse nato. Fin da ragazzino lo avevano sempre visto correre su e giù per le strade e le piazze del quartiere. I più vecchi se lo ricordavano quando correva nella S.S. Oltrarno: categoria allievi. Smise durante la guerra, quando entrò in seminario.

Diventato prete, riprese la sua bici da corsa e ricominciò a pedalare, questa volta tirandosi dietro bande di ragazzotti beceri e scavezzacolli, ai quali cercava di insegnare qualcosa di buono.

Era amico di La Pira, il sindaco santo dai calzini bianchi; si dice che fossero proprio i calzini dei frati domenicani del convento di San Marco, dove lui abitava.

La gente del quartiere gli voleva bene, perché don Cuba era uno di loro. Con i comunisti ci leticava tutti i giorni, ma lui li rispettava e loro rispettavano lui.

«Sei un bravo ragazzo, peccato tu sia comunista!».

«E te tu sei in gamba, anche se tu sei prete!».

Di Bartali più che amico era un tifoso sfegatato. Così quando quella sera gli amici, seduti ai tavolini davanti al bar lo videro scendere di bicicletta, appoggiarla al muro senza troppi riguardi, tirarsi giù la tonaca che aveva rimboccato alla vita, tirar fuori di tasca il grande fazzoletto bianco e asciugarsi il sudore, alzandosi gli occhialini sulla fronte, gli chiesero subito: «Oh Cuba, che l'hai saputo?».

«I' che?».

«Di' Coppi... che un vole Gino al Tour».

«L'ho letto stamattina...».

«Ha detto che loro due non vanno d'accordo».

«Ha detto che Gino parla troppo».

«E poi ha detto anche che Bartali gli è finito e che è meglio che stia a casa».

«Bella merda!».

«Ora perché ha vinto il Giro d'Italia!».

«Eppoi Gino l'ha sempre aiutato, anche l'anno scorso».

«Se gli dette perfino la ruota quando bucò».

«Comunque il vecchio gli è sempre in grado di staccarlo i' Coppi, altro che finito...».

«Te i' che tu dici, Bertini?».

Il Bertini, che fino ad allora era stato zitto da una parte, fu improvvisamente chiamato in causa.

Era coppiano e in San Frediano i coppiani si contavano sulle dita di una mano.

Spense la cicca della sigaretta con il piede, si guardò bene intorno e disse la sua con calma, pesando bene le parole.

«Ragazzi, come la penso lo sapete. Che oggi come oggi Coppi sia superiore, non ci piove. E che Gino sia un tipo scomodo gli è vero. Però questa volta Fausto l'ha buttata di fori».

«Bravo Bertini, stasera tu mi sei piaciuto!».

Don Cuba si era messo a sedere e continuava a sventolarsi il viso con il fazzoletto, cercando refrigerio nell'afa estiva di quella sera di giugno.

«Morino, portagli una gazzosa a i' Cuba».

Mentre sorseggiava la bibita che gli appannava il bicchiere, Don Cuba fece la sua diagnosi: «Secondo me i' Coppi ha paura del Tour e cerca una scusa per non andarci».

«I' Cuba gli ha ragione. In fondo non è più un giovanottino, vincere il Giro gli è costato e ora non se la sente di rischiare».

«Ragazzi, qui però bisogna fare qualcosa. Gino al Tour ci deve andare. Quelli dell'UVI devono capire che non si scherza».

«E i' che si fa?».

«Si fa una manifestazione!».

«L'idea gli è bona!».

«Allora» disse don Cuba alzandosi «io penso ai gruppi sportivi delle parrocchie e voi a quelli delle Case del Popolo».

«Vai Cuba, tu ci puoi contare, questa volta la rivoluzione la si fa davvero!».

L'A.S. Aurora
invita i cittadini e gli sportivi
alla manifestazione che si terrà
sabato 17 giugno

alle ore 18
presso il cinema Giardino di Boboli,
piazzale di Porta Romana.
VOGLIAMO BARTALI
AL TOUR DE FRANCE

Così era scritto a grandi caratteri sui manifesti che i tifosi di Gino avevano attaccato la notte prima sui muri del centro e dei quartieri vicini. In San Frediano i manifesti erano affissi anche sulle vetrine dei negozi e sulle porte delle chiese; da quella del Carmine a quelle di Castello, Santo Spirito e San Felice.

Il cinema Giardino era un cinema all'aperto, con le seggioline di ferro pieghevoli, verniciate di verde. Alle 18 tutti i posti a sedere erano già esauriti e la gente si accalcava in piedi, ai lati, pesticciando la ghiaia.

Gli organizzatori avevano fatto le cose per bene con tanto di pedana, di tavolo foderato di tela blu e microfono.

VOGLIAMO BARTALI AL TOUR, c'era scritto sullo striscione che era stato appeso sullo schermo bianco in fondo al cinema.

Il Frangi, presidente della A.S. Aurora, aprì la manifestazione.

«Amici sportivi, siamo qui per esprimere la

protesta di tutti gli sportivi fiorentini nei confronti dell'UVI. Escludere Gino Bartali dalla squadra italiana che parteciperà al Tour de France non va bene. Coppi non lo vuole e sia Binda che l'UVI accettano questo ricatto senza colpo ferire. Ebbene, dobbiamo dirlo chiaro e tondo: questo modo di fare è antisportivo. Gino non lo merita, per tutto quello che rappresenta per il ciclismo e per l'Italia. Nessuno mette in dubbio che oggi Coppi sia il più forte, ha vinto il Giro d'Italia e forse può vincere anche quello di Francia. Ma Bartali è sempre un grande campione che può aiutarlo lealmente come ha fatto anche l'anno scorso. Per questo l'UVI non lo può escludere dalla squadra. I veri sportivi non lo accetteranno mai. Sappiamo che la protesta si sta allargando in tutta Italia e che in molte città gli sportivi manifestano contro l'UVI. Migliaia di telegrammi sono già arrivati a Roma.

Bartali deve andare al Tour».

Così il Frangi terminò tra gli applausi.

Il primo intervento fu quello dell'assessore Giachetti: «Io parlo senza lucchetti alla lingua. Per me l'UVI ha sbagliato di grosso e anche il signor Binda ha dimostrato di non avere carattere. A Coppi vorrei dire che ha pensato di più ai soldi che alla maglia tricolore».

Poi presero la parola in diversi: un certo Ernesto Chiappe, Curti dell'A.S. Aurora, un certo Malinotti Luciano, un certo Gori coppiano, Marrubini Pilade, settant'anni, presidente della S.S. Aquila di Montevarchi e tanti altri di cui si ricorda la faccia, ma non il nome.

«Il gesto di Coppi è un rospo in gola per tutti».

«Coppi e Cavanna si permettono di scavalcare l'UVI perché gli industriali della Bianchi fanno il bello e il cattivo tempo».

«Io chiedo l'allontanamento di Binda per incompatibilità di carattere sentimentale».

«Io sono rimasto amareggiato dall'atteggiamento di Coppi. Come sportivo e come suo ammiratore propongo che Gino Bartali vada al Tour, non in veste di semplice gregario, ma con il fido Corrieri per giocare, nell'eventualità di una crisi del Campionissimo, un ruolo di primo piano, ruolo che è capace di assumere degnamente».

«Tutto il Valdarno si unisce alla protesta contro l'umiliazione del più nobile dei campioni».

«Io ce l'ho contro i soloni dell'UVI».

«Se invece di Coppi fosse stato un altro che avrebbero fatto?».

«Ora do la parola a don Cubattoli» disse il Frangi.

Don Cuba prese il microfono in mano, la tonaca aperta sul collo e gli occhi furbi sotto i riflessi degli occhialini di metallo.

«Da tempo volevo dedicarmi alle corse come professionista. Purtroppo sono assillato da un grave dilemma: conviene che faccia il tesseramento presso l'UVI o presso il signor Coppi?

Comprendo che nello sport la forza principale è nelle gambe, ma Coppi ha dimenticato che oltre che essere corridori bisogna essere anche uomini. La bizza è antieducativa. E io che gli dico ai miei ragazzi? Gli dico che se uno è bravo, se è un campione, allora può fare quello che vuole? Può essere che Fausto sia ombroso come certi cavalli. Ma allora invece del casco perché non porta i paraocchi, così l'ombra di Bartali non gli dà più noia!».

Le risate del pubblico lo obbligarono a una pausa, e subito concluse: «Certo, se non mandano Gino al Tour sono una massa di faziosi!».

Il giorno dopo anche da Firenze partirono migliaia di telegrammi che si ammucchiarono sul tavolo del presidente dell'UVI: VOGLIAMO BARTALI SQUADRA ITALIANA TOUR DE FRANCE. STOP.

Ventiquattro giugno, Giro della Toscana: la tensione è al massimo. Si sa che i bartaliani hanno invaso tutto il percorso. Si parte da piazza Strozzi, Coppi arriva da ultimo, ancora più elegante del solito.

Al collo ha un foulard bianco, di seta, e lo sguardo sfuggente. I fischi dei tifosi di Gino assordano l'aria, ma lui non ci fa caso, almeno sembra.

Bartali si trova dall'altra parte della piazza in mezzo ai suoi fedelissimi. Anche lui è taciturno, quasi scontroso, e non risponde ai tifosi che lo assediano. Al via il plotone si muove pigro e piano piano si allunga tra i platani di via Pistoiese.

A Poggio a Caiano Biagioni e Corrieri schizzano fuori sparati, Gismondi della Bianchi li riaggancia. Inizia così una sarabanda di fughe e controfughe.

A San Marcello Pistoiese Soldani e Petrucci se la dettero a gambe. Era la fuga buona. Quando la strada avviò a risalire verso il San Baronto, la corsa si decise. La salita non era tanto lunga e neppure cattiva, eppure lo diventò. Già il vento tirava contro i corridoi e quando Bartali attaccò a spingere con il 41x14, dietro a lui non restò più nessuno. Davanti Soldani e Petrucci cominciarono a stare in pensiero, infatti in cima al San Baronto se lo sentirono arrivare addosso.

Coppi aveva mollato subito le ruote e neppure si provò a reagire, scese di bicicletta e a Firenze ci tornò in automobile. Anche Magni si ritirò dopo Quarrata. Nella discesa di Vinci, Bartali scivolò sul bagnato e strisciò lungo disteso.

Gismondi, Brasola e Benedetti lo superarono, ma a Montelupo li aveva già ripresi. A Cerbaia, con lui restò solo Brasola. Sui brevi tornanti del Chiesanuova, a Gino gli bastò uno scatto dei suoi per andarsene verso le Cascine.

I bartaliani che si assiepavano sotto l'ombra dei pini lungo il Chiesanova, non dimenticarono più ciò che videro nel caldo pomeriggio di quella assolata domenica, bianca di polvere.

Non dimenticarono il volto del vecchio scolpito da mille fatiche, lo sguardo indomito fisso sulla strada oltre il manubrio, la bicicletta che quasi si piegava sotto la spinta dei muscoli possenti, che guizzavano a fior di pelle.

I bartaliani che avevano riempito come un uovo il velodromo delle Cascine, non dimenticarono più quando il vecchio entrò nella pista, solo con la sua vendetta, che allora esplose nel grido di tutti, accompagnandolo nel suo giro, lungo l'anello di cemento. Aveva la maglia tricolore di campione d'Italia.

A trentanove anni il vecchio non li aveva traditi, neppure questa volta.

Il giorno dopo Coppi parlò: «È bene che al Tour ci vada Bartali, è in grande condizione, difenderà bene il prestigio del ciclismo italiano.

Io ho deciso di prepararmi bene per il Mondiale».

Gino ci andò e lottò da par suo, ma Bobet fu il più forte.

In una foto di un giornale di quei giorni, si vede Fausto sul bordo della strada, a torso nudo e calzoncini corti, che guarda sorridendo Bartali, mentre sale ingrugnito. Forse è l'Izoard.

Accanto a Fausto c'è un tizio con gli occhiali da sole, canottiera bianca, calzoncini e scarpette da ciclista. Dovrebbe essere Ettore Milano. Nascosto quasi completamente da Bartali si intravede il naso inconfondibile di Carrea, anche lui a torso nudo. Di un altro si vede solo il berretto bianco da corridore. Si capisce che i quattro sono saliti fin lassù in bicicletta, partendo al mattino come ragazzi in gita.

Quel Tour lo vinse Louison. Così i tifosi francesi ormai chiamavano Bobet, il loro campione: confidenzialmente Louison.

Il Gran Premio Vanini è una classica di fine stagione, si corre a Lugano, nella Svizzera italiana. Doveva essere l'ultima corsa di Gino, perché aveva già deciso di lasciare.

La Lancia Aurelia dell'ingegner Fenaroli strisciava silenziosa sulla Milano-Como. L'asfalto lucido di pioggia brillava delle luci riflesse delle auto che incrociavano. Gino sedeva accanto all'ingegnere, dietro c'erano il massaggiatore Natalino Fossati e il corridore Erminio Leoni. All'incrocio tra Carminate e Cantù, la Lancia fu colpita con violenza sul fianco sinistro da un'altra auto, fece testacoda e si rovesciò. Gino si trovò disteso in mezzo alla strada, dolorante ma cosciente. Pioveva.

«Non mi toccate» disse Gino ai primi soccorritori.

Aveva ragione; due vertebre rotte, ferite multiple ed ematomi in varie parti del corpo, questo fu il referto rilasciato dai medici dell'ospedale di Cantù.

Dopo qualche giorno, sopraggiunse un'emorragia intestinale e Gino volle essere trasferito a Milano, dai frati della clinica di San Camillo. L'ambulanza che lo trasportava si scontrò con un tram.

«Questa volta l'é infilata male» brontolò il vecchio.

Lo vennero a trovare il presidente De Gasperi, il cardinale di Milano Schuster e tanti amici. Vennero anche Ferdy Kubler e Fausto.

Si vede Gino che parla tranquillamente con il cannello della sonda che gli esce dal naso e Fausto, in giacca e cravatta, che lo guarda sorridendo.

Fu dopo, quando uscì di camera, che Fausto si

incazzò con i giornalisti che volevano sapere cosa si erano detti.

Lui li mandò al diavolo dicendo che era lì a trovare un amico e che quello che si erano detti erano cavoli loro.

I medici consigliarono a Bartali che, per rimettersi bene in sesto, la cosa migliore era correre in bicicletta.

Lui riprese ad allenarsi tutti i giorni. Fu così che in primavera il vecchio si decise a correre ancora, per l'ultimo anno.

Al Giro d'Italia del '54 li vediamo insieme: Gino con la maglia tricolore e Fausto con la maglia arcobaleno, pedalare fianco a fianco mentre salgono il Bernina, la montagna più alta del Giro. È il giorno dello sciopero dei corridori, che per protestare contro un percorso pericoloso, hanno deciso di arrivare tutti insieme. Quel giro lo vinse un certo Clerici, svizzero di origine italiana, mai sentito nominare.

«Un'epoca è finita» dice Gino e attacca la bicicletta al chiodo.

Un giorno Fausto lo vedrà avvicinarsi affacciato al finestrino dell'auto, mentre lui pedala nel gruppo, sfilato lungo la strada, quando tutto è calmo e i corridori parlano tra loro.

«Guarda, Gino» gli dirà mostrandogli una foto che ha tirato fuori dalla tasca di dietro «questo è mio figlio, si chiama Faustino».

«Dio bonino, ti assomiglia, ma gli è più bellino!» gli risponderà Gino guardando la foto.

«Dammela che la fo vedere».

Così tutti seppero che quello era il figlio di Fausto e di Giulia.

XXV

Dove si racconta di un ragazzo tifoso di Coppi che diventava grande e di Fausto che non vinceva più.

Fausto non vinceva quasi più.

Era passato qualche anno dalla vittoria sullo Stelvio, Franco stava diventando grande e aveva cose nuove a cui pensare; lasciava così che la delusione per le sconfitte del suo campione scendesse nella zona d'ombra del suo cuore giovane, per riaffiorare ogni tanto con le notizie della radio o i titoli di qualche giornale.

Coppi aveva vinto il giro dell'Appennino, Coppi si era rotto un femore cadendo di bicicletta, Coppi era stato processato per adulterio.

Anche l'immagine di Fausto in bicicletta non era più la stessa: più pesante, meno fluida, addirittura opaca. Anche i tratti del viso erano come sfuocati. Invece quando era in piedi, vestito normale, aveva acquistato molto in eleganza e signorilità.

Aveva perduto male il Giro di Lombardia: raggiunto vicino al Vigorelli, dal gruppo guidato da Magni, e battuto in volata dal francese Darrigade.

Quella foto di Fausto all'arrivo, stravolto dalla fatica e scosso da un pianto disperato, lo aveva avvilito, fu allora che Franco domandò a suo padre: «Babbo, ma perché non smette?».

«Perché ha bisogno di soldi, ha due famiglie da mantenere. E poi la passione della bicicletta lui ce l'ha nel sangue».

Così Franco non ne parlò più.

Venne l'estate.

Nel cortile dei Gesuiti, sulla montagnola, in mezzo ai cespugli di alloro, i ragazzi costruirono ancora, come tutti gli anni, la grande pista con le salite, i tornanti, le gallerie, e le curve rialzate dove le biglie correvano veloci accompagnate dalle urla scomposte dei giocatori.

Per due anni di seguito, Franco era stato Bobet.

Ognuno sceglieva il suo campione a partire da chi aveva vinto l'anno prima. I primi due sceglievano sempre Coppi e Bartali, Franco, che arrivava terzo o quarto, aveva preferito Louison Bobet. Il campione francese aveva un fascino tutto particolare, uno stile, un'espressione che gli piaceva.

Però questa volta non partecipò.

Preferiva passeggiare lungo il Mugnone con la sua ragazza. Aveva anche cominciato a giocare a pallacanestro, nel campino di asfalto che avevano costruito in un angolo del cortile, accanto al campo di calcio.

Sulla scrivania di camera sua teneva sempre una foto di Fausto in maglia rosa e un'altra di un giocatore nero degli Harlem Globetrotters, mentre palleggiava con due palloni.

L'altra foto di Fausto, a mezzo busto con la maglia iridata di campione del mondo, montata su una cornice di metallo, il babbo l'aveva appesa in cucina sopra la radio, una Magnadyne di legno lucido, appoggiata su un tavolino.

Era quella la radio dove ogni pomeriggio Franco aveva ascoltato l'arrivo delle tappe del Giro e del Tour e anche le notizie sui passaggi intermedi, che davano dopo i giornali radio delle una, delle una e mezzo e delle due.

«È sempre con l'orecchio appiccicato a quella radio» diceva la mamma alla vicina quando veniva a farle le punture «ha la fissazione di Bartali e Coppi! Ora poi che è finita la scuola, per fare il Giro coi tappini, mi butta all'aria tutta la casa. La vedesse... le inventa di sottoterra. Mi leva gli scuri dalle finestre e li appoggia sui tavoli e le sedie. Sarebbero, dice lui, le Alpi e i Pirenei. Poi mette tutti i libri in fila per terra, per fare la pista lungo il corridoio; e io che non ci posso neanche dare il cencio! E poi non sta zitto un minuto. Sarebbe, dice lui, la radiocronaca. È un continuo, la sera mi ha fatto la testa come un pallone!».

Ma ora la radio Franco non l'ascoltava quasi più. Da quando si erano lasciati con la ragazza, andava con alcuni amici al bar sotto casa.

C'era la televisione e il gruppo degli appassionati che commentavano gli arrivi delle tappe più importanti. Ora i bartaliani si vendicavano delle umiliazioni sofferte e rigiravano senza pietà il coltello nella ferita dei coppiani, che si difendevano sempre più debolmente.

«Farebbe meglio a stare a casa».

«Non va più, nemmeno a pigiarlo».

«Alla sua età, Gino vinceva con una gamba sola».

«Il vostro Coppi l'ha rovinato la Dama Bianca».

«Quella donna gli ha succhiato le energie e i quattrini».

Il Giro nel '58 lo vinse Ercole Baldini. Nell'ottobre di quell'anno Coppi corse in coppia con lui il trofeo Baracchi, a cronometro. Fu la sua ultima vittoria: una corsa a rimorchio del gigante romagnolo, sul filo dei cinquanta all'ora.

«Mi ha fatto morire» disse Fausto al traguardo, con un sorriso stanco.

Franco lo lesse su *La Nazione*. *La Gazzetta dello Sport* non la comprava quasi più. I pacchi delle vecchie *Gazzette* li aveva messi in soffitta, legati con lo spago, insieme allo *Sport Illustrato*.

XXVI

Dove si racconta del tramonto di Fausto; dell'ultima vittoria; del suo ritorno dall'Africa; di un Natale malinconico; del ricovero in ospedale; dell'airone che ha chiuso le ali; dell'ultimo viaggio a Castellania e di Gino che lo saluta per l'ultima volta.

Romeo attraversò il piazzale della stazione di Milano. Si stava facendo buio e la nebbia si infittiva. Non si vedevano altro che i contorni sfuocati delle persone e le luci gialle dei fari bassi delle automobili. Spinse la porta a vetri dell'albergo e subito lo vide mentre usciva dalla cabina telefonica a destra della hall. Aveva un trench chiaro.

Lo riconobbe e gli sorrise. Un sorriso dolente, che non gli aveva mai visto prima.

«Romeo, che fai qui?».

«Ciao Fausto, venivo a riprendere i bagagli. E tu?».

«Vengo dall'aeroporto, sono arrivato dall'Africa, via Parigi. Ho telefonato a casa, ma Giulia non c'è».

Mancavano pochi giorni a Natale. Fausto era tornato da una tournèe nell'Alto Volta, con

Anquetil e Geminiani. Non aveva voglia di parlare. Era stanco, abbattuto, il viso pallido, gli occhi cerchiati, le labbra tirate.

«Fausto, ti senti bene?».

«Sono stanco. Il viaggio è stato lungo e qui fa freddo».

«Ma tu, cos'hai da fare?».

«Torno a casa in auto».

«Ce la fai a passare da Novi?».

«Certo, ti accompagno io».

Romeo capì che lui non voleva restare solo. Era contento che gli chiedesse di stare con lui, sapeva che gli voleva bene, lo considerava un po' la sua creatura. Era poco più di un ragazzo, non aveva ancora finito ventidue anni.

Dopo la vittoria su Anquetil, nella tappa a cronometro del Giro d'Italia, Fausto lo fece chiamare da Cavanna.

«Venturelli, puoi fare grandi cose. Se vuoi ti aiuterò».

Il progetto era di prenderlo con lui nella San Pellegrino, la nuova squadra con Bartali direttore sportivo e Coppi capitano. Il suo ultimo anno di corse prima di ritirarsi.

Da allora Romeo cominciò a frequentarlo.

Era la giovane promessa del ciclismo italiano. Una promessa che poi non seppe mantenere.

Romeo guidava sicuro, anche se fuori città la nebbia si addensava.

Fausto si era sprofondato dentro il sedile accogliente della nuova fuoriserie, la faccia seminascosta dal bavero rialzato del trench. Sembrava dormisse, ma era sveglio.

Romeo conosceva i suoi lunghi silenzi, che non osava interrompere. Gli chiese l'ora.

«Quando pensi di arrivare?».

«Prima delle dieci, forse».

Poi ancora silenzio, luci di case e fari di auto nella nebbia densa.

Romeo fermò la macchina al cancello di Villa Carla. Venne ad aprire il giardiniere. C'erano molte persone a servizio in casa di Fausto, da quando era tornato lì con Giulia, dopo la separazione da sua moglie. Guidava lentamente nel grande viale alberato che conduceva alla villa. Il parco era immenso. Alla fioca luce dei lampioni si intravedeva il grande prato all'inglese, la vasca con la fontana, le siepi di bosso e le aiuole.

L'ingresso era una grande sala ben illuminata.

Appena entrato Fausto chiamò: «Papo, Giù, dove siete?».

Entrò Giulia dal retro e lo abbracciò.

«Faustino già dorme».

«Come sta?».

«Sta bene. Ti ha aspettato tanto».

«Venturelli, lo conosci vero?».

«Certo, buonasera».

Gli porse la mano, gentile. Tentò di sorridergli, ma non ci riuscì. C'era come un'ombra nei suoi grandi occhi verdi.

Guardò Fausto mentre si toglieva il trench.

«Fausto, ti senti bene?».

«Sono stanco. Sai, il viaggio... ho telefonato da Milano. Non c'eri...».

«Sono arrivata ora da Torino. Ero là all'aeroporto ad aspettarti, poi hanno comunicato che il tuo aereo atterrava a Milano e sono venuta qui».

C'era qualcosa tra loro due. Come un disagio che le parole non riuscivano a nascondere. Romeo voleva andare via e fece per salutare, ma Fausto lo trattenne.

«Perché non resti a cena da noi?».

La cameriera serviva seguendo gli ordini precisi della signora. Le posate d'argento, i bicchieri di cristallo, la tovaglia finemente ricamata, le luci soffuse. Tutto era elegante e prezioso in quella casa, così grande e così silenziosa. Solo Giulia parlava.

«Potevi farti vivo, però. Non una telefonata, una lettera. Niente».

Fausto taceva. Portava il cucchiaio alla bocca con gesti lenti e uguali.

«Eri lontano. Faustino chiedeva di te. Ci hai fatto stare in pena».

«Finiscila!» sbottò lui a voce bassa, guardando sempre nel piatto.

Così anche Giulia tacque. Chiuso nel suo silenzio, Fausto era lontano. Gli sembrò che quella cena non finisse mai.

Finalmente si alzarono da tavola e Fausto accompagnò Remo fino alla porta.

«Ciao Romeo e buon Natale».

«Anche a te Fausto, ciao».

Fu un Natale velato di malinconia. La notte della vigilia uscirono nel giardino e, come le altre volte, fecero volare in cielo i palloncini con il nome di Faustino.

Il bambino batteva le mani e Fausto sorrise. Giulia gli prese la mano. Guardarono su in alto e le stelle brillavano più vicino.

Il pranzo di Natale fu con pochi intimi.

«Giulia, perché non ti sei cambiata?».

«Non so».

Il ventisette dicembre Fausto tornò a mezzogiorno dalla tenuta, con due fagiani legati per le zampe. Li posò sulla tavola di cucina.

«Vado a letto, non mi sento bene».

Febbre, brividi di freddo, vomito e tanta sete.

Per tre giorni e tre notti. Una mano appoggiata sul petto, l'altro braccio disteso.

Giulia, seduta vicino, gli bagnava le labbra e la fronte. Fausto passava dal sonno alla veglia, il respiro affannoso e il sudore che gli si diacciava addosso.

«Non ho più forza».

Dalla Francia telefonò il fratello di Geminiani. Anche Raphael stava male: era malaria. A Villa Carla, i medici si riunirono a consulto.

«Broncopolmonite virale» dissero.

Antibiotici e cortisone fecero il resto.

Il primo gennaio l'autoambulanza si fermò davanti alla villa, scesero in quattro in camice bianco e con la barella.

«Fausto, è meglio andare in ospedale. A Tortona va bene?» chiese Giulia.

«Fai tu».

Lo trasferirono sulla barella, piano, attenti a non fargli male.

«Papà, torna presto».

«Ciau Faustino, fai il bravo, neh!».

Lo lasciò che lo guardava con i suoi grandi occhi di bambino.

«Tutt so' papà» aveva detto mamma Angiolina quando glielo portò la prima volta con Giulia, a Castellania.

“E Marina?” pensò Fausto mentre l’autoambulanza correva verso Tortona.

“Meglio che lei non lo sappia che sto male, meglio di no”.

In quella camera bianca dell’ospedale vedeva, come di là da un vetro, Livio, lo zio Giuseppe, la zia Albina.

Poi gli calò la nebbia sugli occhi dolenti. Sentì la grande mano di Cavanna che gli accarezzava la fronte e cercò di sorridergli. Quando entrò Bruna, si coprì il viso con le mani.

«Ha capito» disse Livio.

Alle tre e mezzo della mattina il prete gli unse le mani, la fronte, gli occhi e le labbra riarse.

«Papà, sei tu?». Era lui, con il cappello nero sugli occhi e mezzo sigaro spento sotto i baffi, che lo salutava. «Ciau Fausto, fa’ ’l brau neh!».

Mentre lui se ne andava giù per la discesa con la bici di Livio... quella mattina di settembre come era fresca l’aria sul suo viso e profumata d’erba!

«Fausto aspettami!» gli diceva Serse.

Erano nel bosco sotto Sant’Aloisio. Lui era sceso dall’albero e si era infilato i merlotti dentro la camicia. E la merla disperata che volava sul nido ormai vuoto. Serse lo guardava e aveva gli occhi verdi di Giulia...

«L'airone ha chiuso le ali» fu il titolo della *Gazzetta dello Sport*, la mattina dopo.

Gino entrò nella camera bianca dell'ospedale.

Fausto era sereno, quasi sorridente, i tratti del viso come scolpiti nella cera, l'abito grigio, elegante, e una piccola croce nera con il Cristo d'argento sul petto. Ai lati due grandi corone: una di rose, l'altra di garofani rossi.

Gino si avvicinò. Voleva dirgli qualcosa, ma non gli uscì parola. Lo portarono nella stanza accanto e lo fecero sedere. Non gli riuscì nemmeno di piangere.

Alle quindici e trenta del pomeriggio Fausto arrivò a Castellania, tra due ali di folla che lo accompagnarono su per la strada, oltre le curve di Carezzano, fino al paese.

Poi fu nella camera grande di mamma Angiolina, la foto di Serse alla parete bianca.

Fino all'alba del quattro gennaio, la gente si avviò a piedi sulla strada, lasciando le auto e le moto giù in basso, e si assiepò sulle curve che salgono verso il cimitero di San Biagio.

Dietro la bara, portata a spalla dai compagni, incorniciato di fiori rossi, il suo ritratto con la maglia dell'arcobaleno.

La nebbia copriva i costoni. C'era un po' di neve sul ciglio della strada e fango fino alle caviglie.

Il carro si inerpica fuori della strada sul sentiero che porta al cimitero, scivolano i piedi sotto il peso della bara.

Dietro è restato, un po' solo, con il suo passo di vecchio, il Pavesi.

Gino ebbe la forza di prendere una zolla di terra umida e di lasciarla cadere sulla bara, insieme al suo ultimo pensiero.

"Te ne sei andato senza dirmi niente, all'improvviso, e mi hai lasciato solo. La rivalità era più forte di noi, la timidezza e la vergogna anche

Allora ci si prendeva in giro. Era il nostro modo di fare la pace, dopo i dispetti e i rancori.

Quando ho smesso di correre, tu hai voluto continuare senza di me. Non te l'ho mai perdonata. Come fa a correre senza di me? Dicevo. Ed ora che tu stavi per smettere, te ne sei andato e mi lasci qui. Hai sempre fatto così. Appena ti perdevo d'occhio, ti alzavi sui pedali ed eri già sparito".

Ringraziamenti

A Piero Meucci, che allora dirigeva il *Corriere di Firenze* e decise di pubblicare *Gino e Fausto* a puntate. Era il maggio del 2000 e Gino era morto da pochi giorni. Giulio, il mio primo nipote era nato il 14 marzo, pochi giorni prima della Milano-Sanremo. E questa è una storia dedicata ai ragazzi di ieri e di oggi.

Ad Alfredo Martini che mi ha raccontato molte cose dei due grandi campioni. E della sua narrazione mi è rimasto impresso il suo ritmo, il suo linguaggio essenziale, il suo stile colto e insieme popolare.

A tutti coloro che hanno scritto di Gino e di Fausto e sono tanti, a partire dai grandi scrittori come Dino Buzzati, Alfonso Gatto e Vasco Pratolini. E l'epica moderna, come quella antica, è una grande opera collettiva.

Alla *Gazzetta dello Sport* che sono andato a rileggere in quei lunghi pomeriggi passati in Biblioteca Nazionale.

Ai miei figli Giovanni e Simone che sono cresciuti ascoltando storie come queste in quei pomeriggi di maggio mentre guardavamo insieme il Giro d'Italia alla TV.

Ai miei nipoti Giulio, Giorgio ed Emma perché questa è anche la storia del nostro paese, una storia che le nuove generazioni hanno da conoscere sempre meglio.

A Paola, la compagna della mia vita, alla quale ho detto spesso «vai al cine, vacci tu'» ma che poi ha aspettato Bartali insieme a me.

A Vinicio, mio padre, anche lui di Sesto Fiorentino, come Alfredo. Il babbo era tifoso di Fausto, ma a Gino voleva bene. Chi ama la bicicletta è fatto così.

Indice

nella stessa collana

Mauro Colombo
L'ora del Fausto

Michele Marziani
Nel nome di Marco

Roberto Piumini
Il ciclista illuminato

altri titoli

Paolo Amadori e Paolo Tullini
Le bici di Coppi
Il tesoro ritrovato di Pinella De Grandi
e la vera storia delle biciclette del campionissimo

Marco Pastonesi
Gli angeli di Coppi
Il Campionissimo visto da chi ci correva insieme,
contro e soprattutto dietro

Paolo Costa
Gino Bartali
la vita, le imprese, le polemiche

Benito Mazzi
Coppi, Bartali, Carollo e Malabrocca
Le avventure della maglia nera

Marco Pastonesi (a cura di)
Cavanna
L'uomo che inventò Coppi

Marco Pastonesi (a cura di)
Girardengo

Stampato da Grafiche del Liri Srl, Isola del Liri, Frosinone
per conto di Ediciclo Editore, Portogruaro, Venezia

Edizione
1 2 3 4 5 6

Anno
2014 2015 2016 2017